La palabra y su opuesto

Sara Mesa,
una forma de mirar

Fabulaciones

2

La palabra y su opuesto

Sara Mesa,
una forma de mirar

Maria Ayete Gil

P U V
Vniversitat
ᴅ València

La edición de este libro ha recibido una ayuda del Departamento de Filología, Comunicación y Documentación de la Universidad de Alcalá a través de su línea de Acciones Estratégicas.

Publicación sometida
a peer review
PUV

Publicacions de la Universitat de València
Arts Gràfiques, 13 • 46010 València
http://puv.uv.es
publicacions@uv.es

Coordinación editorial: Juan Pérez Moreno
Corrección: Xavier Llopis
Maquetación: Vanesa Diestre
Ilustración de cubierta: Luis F. Varela

ISBN: 978-84-1118-688-9 (papel)
ISBN: 978-84-1118-689-6 (ePub)
ISBN: 978-84-1118-690-2 (PDF)

Depósito legal: V-697-2026
Printed in Spain

Índice

A Marina

Introducción
Sara Mesa,
una forma de mirar

Hace tiempo que, de una manera o de otra, viene gestándose sin saberlo este libro. En 2016 yo era estudiante de un máster en el extranjero y, para la evaluación de una de sus asignaturas, nos pidieron un trabajo sobre una novela española de autoría femenina. De la lista de novelas recomendadas que se nos dio, no me convenció ninguna. Pregunté por la posibilidad de salirme del catálogo y me dieron permiso, así que me puse a leer. La casualidad quiso que, entre otras muchas lecturas, estuviera *Cuatro por cuatro*, de una tal Sara Mesa, una novela finalista del premio Herralde de la que no había oído nada. Tampoco de su autora. La novela, por varios motivos, me impresionó. La elegí para el ensayo final de esa asignatura y, un año después, escribí sobre ella mi tesina de máster. Para entonces ya había leído *Cicatriz* y estaba a punto de reeditarse *Un incendio invisible*. El resto de la anécdota —si es que acaso pueda llamársela así— no importa, el caso es que no he dejado de leer a Mesa; tampoco de recomendarla ni de escribir sobre sus textos. El resultado de todo ello es *La palabra y su opuesto*, mi oportunidad, al fin, de reescribir y expandir investigaciones del pasado —a veces, meras intuiciones mejor o peor expuestas—, así como de desarrollar análisis nuevos.

La producción literaria de Sara Mesa consta, hasta el momento, de ocho novelas, tres libros de cuentos y un poemario, dos textos de corte ensayístico —*Silencio administrativo* (2019) y *Perder el miedo* (2020)—, los relatos largos de *Agatha* (2017) y *Perrita*

Country (2021), y numerosos cuentos esparcidos en volúmenes colectivos.[1] El presente libro, sin embargo, no toma por objeto de estudio la totalidad de esa obra, sino una de sus partes —la más abundante y, por ende, más representativa de su quehacer literario—: la novelística. Ocho novelas, entonces, conforman el corpus de este trabajo, a saber: *El trepanador de cerebros* (2010), *Un incendio invisible* (2011), *Cuatro por cuatro* (2012), *Cicatriz* (2015), *Cara de pan* (2018), *Un amor* (2020), *La familia* (2022) y *Oposición* (2025). Y en ocho capítulos, a su vez, se estructura el libro: uno para cada novela y en orden cronológico de aparición (como en la lista anterior). Aclaro, para que no haya lugar a confusión, que el capítulo primero analiza, por lo tanto, *El trepanador de cerebros*; el segundo, *Un incendio invisible*; el tercero, *Cuatro por cuatro*, y así hasta el octavo, dedicado a *Oposición*, el texto más reciente. Los motivos de tan sencilla distribución son fáciles de explicar, pues responden a dos deseos: claridad y comodidad. Claridad en el reparto de los contenidos y comodidad, derivado de lo anterior, en la búsqueda de esos mismos materiales. De esta manera, creo dar cabida a dos tipos de aproximación al libro: la de quien aspire a una visión panorámica del universo narrativo de la autora, para lo que recomiendo una lectura lineal del trabajo, y la de quien busque adentrarse en el estudio crítico de uno de sus títulos, que solo habrá de dirigirse al capítulo correspondiente.

En cuanto a los títulos de esos capítulos, he optado por extraerlos directamente de la novela analizada en cada uno de ellos. No los he escogido al azar, por supuesto, sino procurando que encierren parte del sentido de la obra en cuestión o, por lo menos, que presenten una clave de lectura. Así, tenemos el martillo neumático de *El trepanador*, la despoblación de *Un incendio invisible*, el extrañamiento

---

[1] Entre estos relatos están «El Niño Sapito» (en *Pequeñas resistencias 5*, 2010), «Picabueyes» (en *Dos bicicletas para treinta sonámbulos*, 2016, también en *Mala letra*, 2016), «A contrapelo» (en *Riesgo*, 2017), «Escarabajos» (en *Tríos*, 2018), «Colonna tortile» (en *Humor negro*, 2018) o «La amabilidad» (en *Tsunami*, 2019).

de *Cuatro por cuatro*, el trueque de *Cicatriz*, el papel de la moral en *Cara de pan*, el aislamiento de *Un amor*, la violencia soterrada de *La familia*, y la mesa de oficina de *Oposición*.[2]

El examen de las obras que ofrezco aquí no aspira a ser exhaustivo, sino más bien a señalar, por encima de cualquier otra cosa, los elementos más sobresalientes o relevantes de cada texto, ya sea por su originalidad, recurrencia o centralidad. También, y conforme se suceden los análisis, a establecer relaciones entre las diferentes novelas con la intención de apuntar a algo así como a una poética de la autora, enfatizando los que, a mi juicio, pueden considerarse sus grandes temas, preocupaciones y técnicas narrativas. Si hay algo que, en este sentido, se llevará la persona que comience por estas páginas y termine en las del final es justamente eso: un acercamiento *sui generis* a esa «forma de mirar» de Sara Mesa que hace tan particular su literatura. Una mirada torcida, esquinada y al acecho que viene a mostrarnos que, a pesar de relucir —si es que acaso reluce—, no todo es oro siempre (ni una escuela de lujo, ni la casa en un pueblo perdido, ni la familia, ni ciertos trabajos, por muy estables y bien pagados que estén). Las novelas de Mesa desmontan capa a capa la apariencia para mostrar el pegamento que la mantiene en pie, que es también esa materia viscosa y transparente (invisible) oculta e innombrable: el ejercicio del poder, las desigualdades sociales, los códigos morales y la vergüenza, la culpa, la impostura. La capacidad de observación de la autora no tiene parangón, creo, en el campo de la literatura española actual: es milimétrica —en un detalle cabe el mundo—, concisa y a la vez incómoda, escurridiza.

---

[2] Referencias de los títulos por orden de aparición en el índice: «Tengo un martillo metido en el cerebro» (Mesa, 2010: 52), «Todo continuaba insólitamente despoblado» (2017: 14), «Hay algo que se me escapa en este sitio» (2012: 124), «Casi podría entenderse como un trueque» (2015: 28), «Los vigilantes de la moral hacen sus diagnósticos» (2018: 76), «Estar aislada no es tan sencillo» (2020: 38), «Nunca una palabra más alta que la otra» (2022: 167) y «La mesa la pusieron en mitad de la nada» (2025: 11).

Si os tomáis unos segundos y os preguntáis cuál ha sido vuestra sensación durante o al finalizar una novela o cuento de Mesa, es probable que vuestra respuesta sea la angustia o el extrañamiento, a buen seguro cierta incomodidad tal vez difícil de explicar. La ficción de Mesa tiene la virtud de hacernos cambiar de postura en el sofá, de obligarnos a leer de nuevo. Sospechamos el inminente tropezón, pero es solo eso, un presentimiento, hasta que ocurre. No sabemos cómo, pero ocurre. Sin estridencias, casi como por azar. Es esta una ficción que tiene efectos, porque, en mayor o menor medida, nos desestabiliza y nos permite ver las cosas de otra manera. Pero esta sensación informe —mezcla de asfixia, confusión e inquietud— no proviene tanto del contenido de las historias como de la forma, esto es, de la manera en que se cuentan. Las historias en sí no son sorprendentes, en el sentido de asombrosas o extraordinarias; no son insólitas. Lo que las hace extrañas es el lugar desde donde se narran: la mirada.

Como se descubrirá a lo largo de este libro, se trata de una literatura minimalista por cuanto, de un lado, coloca la lente sobre lo pequeño (el detalle ignorado, la mancha desapercibida), y, del otro, se construye mediante un estilo depurado y sobrio. Palabra exacta, frases cortas, extensión final breve. Y gran capacidad de evocación: a Mesa le bastan unas pocas líneas para crear ambientes concretos, por lo general brumosos y ambiguos, opresivos. En esto último tienen un papel fundamental los vacíos y el juego que establecen con su opuesto. El baile de la palabra con el silencio, que da espacio a la imaginación de quien lee para conjeturar. Es entonces cuando el libro salta entre las manos, porque las interpretaciones estallan.

El desasosiego que produce la ambientación corre de la mano de unos espacios cerrados y concretos: un local, una residencia de ancianos, un colegio, los huecos entre unos arbustos, un pueblo, una casa, una oficina. Lugares aislados e inhóspitos, en su mayoría, y también desconcertantes, porque sus reglas jamás terminan de entenderse y en ellos se mueven unos personajes que, al igual que lectoras y lectores, comprenden poco o nada de lo que sucede. La dimensión espacial está en estas novelas lejos de ser anecdótica o decorativa. Al contrario, es parte central de la arquitectura ficcional, un personaje más, podríamos decir, porque condiciona e influye: significa. Los espacios se arman como una suerte de microsociedades o comunidades artificiales a las que aterriza alguien que proviene del exterior. Su situación es vulnerable y su pasado y motivaciones desconocidos. Establece contacto con su entorno, y de ese contacto surgen las desigualdades y sujeciones (el poder), irrumpen los malentendidos y aparece la impostura. También cierta rebeldía, aunque acostumbre a llevarse por dentro, escondida.

Vuelvo a la mirada, a la observación meticulosa de la realidad por parte de las voces narradoras de estas historias. Ojos a través de una rendija que se achican para enfocar bien, que escudriñan a su alrededor para sacar a la luz aquello que, existiendo, no se ve, porque no se mira. ¿El qué? Simplificando al extremo: los claroscuros que asoman tan pronto como ese amasijo de ideología, normas, hábitos, deseos y lenguaje que somos se pone a funcionar. El ejercicio del poder, que se inicia en el instante mismo en que se entra en contacto con el otro y el desequilibrio en la balanza que produce. Tras ocho novelas, puede decirse que el análisis del modo en que nos comportamos y nos relacionamos en comunidad que realizan los relatos de Mesa es extenso y contundente: desvela, sobre todo, las formas en las que el poder recorre el tejido social y la realidad de una vida regida por estrictas normas morales y códigos de conducta. En otras palabras, y siguiendo la tesis de Marx: el individuo como producto de las relaciones sociales.

Esa mirada —ojo avizor— se detiene a menudo en el lenguaje. Qué se dice y cómo se dice, pero también qué se obvia (porque se calla). La preocupación por el lenguaje, acaso uno de los grandes mecanismos de poder, es protagonista indiscutible en la obra de la autora, pues reaparece una y otra vez, desde el primer relato hasta el último. Lo hace tanto en el nivel formal —la economía lingüística, que implica una atención cuidadosa en la selección terminológica— como en el de contenido. De ahí que abunden las palabras en cursiva y la reflexión explícita sobre sus dobleces, o que se hagan evidentes el poder del discurso como constructor de realidades y la ambivalencia de las interacciones más cotidianas, una ambivalencia

—huelga decir— que es la de una herramienta, el lenguaje, cargada de ideología y, por tanto, vuelta terreno de disputa.

Pero la producción literaria de Mesa es caleidoscópica. Quiero decir que conforma un conjunto diverso y cambiante, pues, igual que la imagen al final del tubo de tres espejos, se multiplica y varía tan rápido como se voltea. Pretender captar todas sus aristas está lejos de mi pretensión, así que ahí va la advertencia: a las páginas que siguen les faltan teclas que pulsar. Algunos huecos son, seguro, fruto del despiste, en tanto que otros tal vez de mi incapacidad o miopía —al final, esta no es sino una lectura personal del corpus seleccionado—. Para solventar estos inconvenientes y contrastar lecturas, animo encarecidamente a leer las ya numerosas investigaciones sobre las publicaciones de la autora, unas investigaciones a las que este libro sencillamente se suma y con las que dialoga. Son numerosos los trabajos que, en forma de artículos académicos, capítulos de libro, tesis, tesinas o libros se han realizado hasta hoy sobre las novelas y cuentos de Mesa. Seguramente no tenga la suerte de haberlos leído todos, pero de entre los que sí que han caído en mis manos, destaco dos: los volúmenes colectivos *Narrar lo invisible. Aproximaciones al mundo literario de Sara Mesa* (Albatros, 2020) y *La rendija que queda. En torno la narrativa de Sara Mesa* (Comares, 2024). ¿Por qué? Primero, porque, como este, son libros que nacieron con la intención de cartografiar una trayectoria en curso; segundo, porque tienen la virtud de tocar todos —o casi todos— los palos (la obra existente hasta el momento de su publicación); tercero, porque la autoría múltiple los dota de variabilidad metodológica, y cuarto, por la lucidez de muchas de sus contribuciones. *La palabra y su opuesto* sigue, como puede, esa misma estela: aspira a continuar la discusión, rellenar huecos y aportar más perspectivas. Ojalá lo consiga.

Capítulo 1
Tengo un martillo metido
en el cerebro[1]

(*El trepanador de cerebros*)

Siete sombras se reúnen cada noche en una pequeña habitación de un piso compartido en el extrarradio de una ciudad. Siete sombras: siete personajes excluidos del banquete de la normalidad; siete marginados por inadaptados, por raros, por *otros*. Son una mujer joven y sin raíces (Silvia), un espiritista de familia adinerada (Pablo Cruz, conocido como *el Chamán*), un argentino exentomólogo (Edgardo Negroni), unos gemelos adictos a los hurtos (los Capiscol), su hermana pequeña (Capiscola), y una *femme fatale* de barrio (Rosanna). ¿Quiénes son estas personas? Los personajes que, apiñados en el suelo del cuarto que comparten Silvia y el Chamán, abren las páginas de *El trepanador de cerebros* (2010), la primera novela de Sara Mesa. Como veremos a lo largo del capítulo, este es un texto distinto a los posteriores, pero en el que son rastreables un buen puñado de técnicas narrativas y preocupaciones transversales en la obra de la autora.

---

[1] Como este, algunos capítulos son reescrituras de trabajos anteriores. Para su consulta, váyase a la bibliografía.

El trepanador de cerebros es, a buen seguro, la más desconocida de sus novelas; la menos leída, la menos estudiada, la menos comentada por la crítica. ¿Los motivos? No los sé, pero quizá la conjunción de novela primeriza y sello editorial pequeño (Tropo Editores) tenga que ver con ello. El texto es diferente del resto, sí, pero no tanto como pudiera parecerlo en una primera lectura, a pesar de que el estilo esté muy alejado todavía de la sobriedad que caracterizará pronto la producción saramesiana. En *El trepanador de cerebros* hay relaciones de poder y problematización del lenguaje, hay incomunicación, hay vigilancia y robo, hay precariedad, hay encierro e impostura. Y hay efectos de extrañamiento y ejemplos de un manejo sobresaliente de la elipsis también. Este es un libro en el que la ambientación distópica, la alegoría y el simbolismo de textos posteriores se transforman en algo así como estética del absurdo. Aquí, la estrafalaria —y por eso cómica— caracterización de personajes y situaciones funciona como artefacto de distanciamiento análogo al empleado, con recursos distintos, en relatos como, por ejemplo, *Un incendio invisible* o *Cuatro por cuatro*. Lo veremos enseguida.

Nos hemos quedado con siete personajes reunidos en una habitación de pequeñas dimensiones. Bien, el motivo que los reúne es la discusión en torno a la preparación del rodaje de una película titulada *La nalga*. El director será el Chamán, quien exige que el papel protagonista lo interprete un hombre con enanismo. Dado que ninguno de los integrantes del grupo cumple con las condiciones requeridas para ese papel, comienza la búsqueda. Pocos días después de esa reunión inicial, el Chamán entra en el piso acompañado de un candidato: Lisardo. Los términos del contrato firmado por los dos individuos son, sin embargo, anómalos. En primer lugar, porque el contacto entre ellos se ha establecido a través de la web eBay y, en segundo lugar, porque lo que ha hecho Lisardo ha sido venderle su alma al Chamán a cambio del papel en la cinta. Volveremos a ello. Importa ahora que, teniendo a su actor protagonista, los personajes cambian de vivienda con el objetivo de convertirla en lugar de rodaje. El nuevo domicilio se ubica en el sótano de un edificio: es un local «oscuro y mohoso de unos 40 metros cuadrados, planta en L, techos altos y un cuarto de baño diminuto que dispone de un mugriento plato de ducha» (2010: 43), donde las cucarachas «campan a sus anchas» (2010: 46) y las ventanas dan a ras del suelo. El alquiler lo paga Negroni y allí retoma el grupo sus reuniones nocturnas.

El motivo de la película se abandona rápidamente en la novela, convertida *La nalga* nada más que en excusa para la agrupación inicial de los personajes. A partir de este momento, *El trepanador de cerebros* se transforma en una concatenación de escenas en forma de capítulos de naturaleza dispar. Estas escenas colocan poco a poco a Silvia como personaje central, y a su vez permiten a quien lee formarse una idea de la idiosincrasia de los personajes que la rodean y de las relaciones que los unen. La yuxtaposición de episodios e imágenes conforma una estructura, en cierta medida, anárquica que, sumada al comportamiento de los personajes —a ratos perturbador, a ratos absurdo, pero siempre, sin duda, extraño— y a la variedad de registros, discursos e incluso géneros, dota a la novela de una atmósfera, podría decirse, disparatada y tragicómica. El texto no tiene más hilo conductor que los avatares de estos personajes marginales, desarraigados, erráticos. Se trata, como en posteriores novelas de la autora, de individuos marcados sobre todo por la incomunicación y la soledad. En este caso, además, individuos desempleados la mayor parte del tiempo y, por lo tanto, excluidos de los ritmos y de los espacios asociados a la idea comúnmente aceptada de normalidad. Son gente extraña, a fin de cuentas, que convive en un local de dudosa legalidad y que subsiste gracias a un dinero, las más de las veces, de origen incierto.

En un momento dado del relato, cuando las estrecheces económicas aprietan, Silvia busca un trabajo. Negroni le echa un cable y le concierta una entrevista en la empresa de un antiguo compañero entomólogo, el Dr. Gottem, un señor albino, estrambótico e inquietante, que, tras conocer a la joven, le ofrece empezar a trabajar en su laboratorio llevando a cabo el registro de la medición de las alas de las moscas. Sin embargo, el golpe de suerte de Silvia no es tal, porque las condiciones laborales que le imponen son nefastas: solo recibirá el salario acordado cuando llegue, y supere, un número de mediciones imposible para cualquier ser humano. Constatada la imposibilidad, Silvia decide falsear sus números, motivo por el cual termina siendo despedida. El siguiente empleo que consigue la protagonista es en el parque de atracciones PreHistoric Park, para cuyo proceso de selección ha inventado su currículum. Allí realiza distintas labores y conoce a Seisdedos, un hombre, de nuevo, extraño —pegajoso, desagradable— que intenta entablar una relación amorosa con ella. Unos meses después de su incorporación, su tiempo como trabajadora en el parque finaliza. ¿El motivo? Una grave infracción: permitir que Lisardo suba a una montaña rusa no apta para personas de su estatura. El último trabajo que consigue la joven es en un peaje de carretera. Los episodios dedicados a las experiencias en el mundo laboral de Silvia son importantes, pues la explicitación en el relato de las condiciones de explotación a las que se la somete es reflejo, aunque a veces deformado, de la precarización de la vida en el momento de producción de la novela (año 2010) y del absurdo —por inútiles— de algunas ocupaciones.[2]

La novela se cierra con la disgregación del grupo y un último capítulo compuesto por nueve breves secciones, dedicada cada una al futuro de uno de los personajes. El texto, en realidad, no concluye ahí, porque, como ocurre en *Cuatro por cuatro*, todavía falta un epílogo. En este caso, se trata de un epílogo de apenas una página en el que —recurso del manuscrito encontrado— se explica que el entomólogo argentino Edgardo Negroni escribió, antes de suicidarse, una obra titulada justamente «El trepanador de cerebros», en la que, leemos, se «cuenta la vida de un grupo de personas que vivieron bajo la férula del argentino, que se amaron, se odiaron, crecieron y decrecieron ante sus ojos» (2010: 219). Esta última página nos

---

[2] En el capítulo 8 hablo de los llamados «trabajos de mierda» (Graeber, 2018) para subrayar esa vertiente kafkiana desde la que Mesa aborda muchas veces la cuestión laboral.

advierte de algo más, y es que la novela que tenemos en las manos tampoco es en verdad la de Negroni, sino tan solo «la recreación de aquella, una inspiración imaginaria a partir de una obra jamás leída, aunque mil veces recreada» (2010: 219).

ABSURDO Y HUMOR (O HUMOR ABSURDO)

Si bien es cierto que el humor, sea en la variante que sea, no acostumbra a aparecer en los textos de Mesa, en esta novela sí que lo hace, igual que en algunos fragmentos de *La familia* e igual que en *Oposición*, la gran excepción. A *El trepanador de cerebros* lo singularizan, entre otros elementos, el humor (en ocasiones, negro), y una estética general del absurdo. El humor emerge en ciertas situaciones —sobre todo, en el primer tercio del texto—, en tanto que el absurdo sobrevuela buena parte de la obra.

Para Henri Bergson, «el peor enemigo de la risa es la emoción» (1996: 50). En una línea similar transita Antonio J. López Cruces cuando arguye que es, precisamente, «la ausencia de implicación emocional en el lector» aquello que mejor desencadena lo risible (2004: 12), una risa que se deriva, siguiendo ahora a Umberto Eco, del sentimiento de superioridad de quien ríe con respecto de aquello que es objeto de la risa (1990: 10). Esta superioridad se comienza a establecer en el texto de Mesa desde la caracterización extravagante de buena parte de los personajes, ya sea física o psicológica, y se amplía mediante la creación de situaciones insólitas o, por lo menos, llamativas, neutralizándose con ello la posibilidad de la identificación por parte de la persona que lee. López Cruces lo dice muy bien: «nadie se ríe de aquello que admira» (2004: 12), por lo que cabe suponer que la mayoría lo hacemos de aquello que, consciente o inconscientemente, menospreciamos.

La mayoría de los momentos en que el humor hace aparición en la novela se encuentran en su primer tercio; más específicamente, en las páginas dedicadas a la presentación de los personajes y a la producción de *La nalga*. Veamos un ejemplo del absurdo y del humor subsecuente: la primera aparición de Lisardo y lo que ocurre poco después.

Lisardo padece acondroplasia, camina siempre acompañado de un bastón refinado y usa «lentes de miope cabalgante»
(2010: 31). Es, nos dice el texto, «un enano moreno, con el pelo
mojado y repeinando, achaparrado y muy bien vestido con un
traje de lino quizá algo fresco ya para la época» (2010: 31). La
caracterización externa está más o menos clara, y con ella nos
topamos cuando llama a la puerta de la pequeña y mugrienta
habitación que comparten Silvia y el Chamán. Lisardo toca a la
puerta, pero el Chamán no se encuentra allí, así que es la chica
la que le abre y a la que el personaje le pide, muy cortésmente,
que informe al otro de «que al fin vinimos. De momento, nos
bastará con esto. Volveré esta noche» (2010: 31). Desconcertada,
Silvia le cuenta al Chamán la visita en cuanto puede: «le dice
que ha llegado un enano que habla con frases cortas y contundentes, un lenguaje mecánico, robotizado [...] [y que] mezcla
indiscriminadamente la primera persona del singular con la
del plural» (2010: 32). Tenemos, como queda patente, algunos
detalles más del personaje, esta vez dirigidos a particularizar
su modo de hablar. El Chamán escucha y le explica enseguida
la situación «con tranquilidad mientras coloca la compra en la
neverita»: Lisardo ha aparecido en la puerta porque «compré
su alma en eBay. [...] Por eso me conoce. Y por eso habla de
un *nosotros* que también me engloba a mí» (2010: 32).[3] ¿Qué
ha ocurrido aquí? La irrupción de lo inusual, de lo raro, de lo
inesperado. «El humor es una actitud peculiar ante las cosas que
se manifiestan mediante una ruptura del orden esperable de
acontecimientos», expone Rafael Núñez Ramos (1984: 270).
Esa ruptura del orden natural es, en opinión de Eco, la obli-
gatoria transgresión de una regla que logra, al final, el efecto
cómico (1990: 10). La dislocación de lo esperable, la violación
de la regla trastoca el horizonte de expectativas de quien lee
haciendo emerger la sorpresa en forma de risa o de sonrisa. No

---

[3] Cursiva en el original si no se indica lo contrario.

obstante, aclara Eco que, para que el efecto cómico se produzca, es básico que el marco transgredido esté presupuesto en lugar de explícito (1990: 14).

Regresemos a la escena de la novela antes descrita con la información presentada en la cabeza. Para reconocer lo cómico de la situación expuesta, necesitamos conocer las normas cuya vulneración produce risa. En nuestro caso: conocer la existencia de la plataforma de compraventa eBay y su funcionamiento habitual. Sin duda, el efecto no habría sido el mismo de haber adquirido el Chamán un ventilador en lugar del alma de un enano a través de esta página web; tampoco de haber obtenido el alma de la otra persona por medio de alguna especie de ritual macabro. Aquí, entonces, resulta inesperado el canal empleado para ese tipo de intercambio (ya de por sí extraño). Por otro lado, la ruptura con lo esperable que supone la adopción de la primera persona del plural por parte de Lisardo opera por disyunción. La disyunción, otro de los procesos clave para que el mensaje humorístico se articule correctamente, «funciona como una violación del código, como una respuesta imprevista» (Núñez Ramos, 1984: 273), que resultaría ineficaz si no se supusiera en quien lee el conocimiento de las normas implícitas.

Los personajes se reúnen en el cuarto para la presentación oficial de Lisardo. El Chamán aparece y lee con solemnidad tanto el anuncio en eBay —que aparece textualizado respetando el formato y los ítems típicos de un anuncio común en dicha plataforma (precio, gastos de envío, ubicación del artículo, vendedor, descripción del objeto, etc.)—, como el documento de compraventa que debe ser firmado por los implicados y por dos testigos. En ese documento, leemos en la novela, se estipula que «el Chamán se compromete a asignar el papel protagonista a Lisardo en su película *La nalga*, de inmediata realización» (2010: 38) a cambio del alma del enano. El bolígrafo está a punto de rasgar el papel cuando, de repente, intercede Gómez Terrero, el supuesto encargado de manejar la cámara, el sonido y las luces para la película, y se desarrolla el siguiente diálogo:

—Este documento no puede firmarse —dice finalmente.

—¿Por qué? —preguntan el Chamán y Lisardo.

—Me niego a firmar que *La nalga* sea una película de tu propiedad. Esto es un proyecto común. Nadie dijo que tú fueses el dueño.

—¡Pero se me ocurrió a mí —exclama el Chamán—! [*sic*] ¡Tú ni siquiera estabas aquí entonces!

—Me da igual —insiste Gómez Terrero—. No firmaré ese documento pretencioso. Además, no me gusta este enano —dice señalándolo con la cabeza. (2010: 38-39)

Lo cómico emerge aquí, otra vez, de la ruptura con lo esperable: nuestras expectativas se ven truncadas cuando el motivo de la negativa a la firma del documento de compraventa no es, como quien lee asume, el sinsentido del intercambio propuesto, sino el desacuerdo en lo que a la posesión de los derechos del filme se refiere. El resto de la conversación a partir de ese punto es la continuación de una argumentación ridícula que a nadie desconcierta ni a la que ninguno se opone.

Otro de los mecanismos que buscan el efecto humorístico en la novela es «la trasposición de abajo arriba aplicada no a la magnitud, sino al valor de las cosas»; dicho de otra manera, «dar forma honorable a una idea que no lo es» (Bergson, 1996: 89). Es visible esta trasposición en el discurso en torno a *La nalga*, sobre la que apenas se sabe nada más allá del título, del enano protagonista y de su punto de partida: la descontextualización. El sentido del filme es «la falta de sentido; su explicación radica justamente en su ausencia de explicación; su raíz no arraiga en parte alguna» y, prescindiendo del contexto referencial, la idea es que en ella convivan «una nalga desvinculada de su cuerpo junto a un enano desvinculado de su corporeidad acondroplásica» (2010: 17). Es evidente lo absurdo de la propuesta, sin embargo, levanta aplausos y emoción de parte de los seguidores del Chamán: ¡extraordinaria ocurrencia! A las lectoras y a los lectores solo nos queda dejarnos llevar por la festividad de la que se nos hace partícipes el texto y esperar la presentación de la siguiente excentricidad. Pero el absurdo no es gratuito, puesto que funciona como forma de cuestionamiento de la realidad y como método de indagación en la subjetividad de los personajes. Ahondaremos en esto un poco más adelante.

Hay algo en la escritura y en el tono de esta novela que retrotrae al género de los cuentos infantiles y que en ninguna otra se manifiesta. Ese algo tiene que ver con el enlace de dos elementos: la estructura de la narración y la voz narradora. De acuerdo con Vladimir Propp, «los cuentos empiezan habitualmente con la exposición de una situación inicial. Se enumeran los miembros de la familia, entre los que el futuro protagonista [...] se presenta simplemente mediante la mención de su nombre o la descripción de su estado» (1977: 37). Leamos ahora el arranque de *El trepanador de cerebros*:

> En el número 27 del Pobal, 3º izquierda habitación del fondo, durante un intervalo aproximado de seis meses, se producen inquietantes reuniones nocturnas. Para los personajes que las protagonizan el día se resbala casi sin querer, únicamente expectante de la noche y de sus sombras. El día no es más que una espera, y está hecho de sábanas mojadas, de párpados entrecerrados y de ruidos amortiguados por el desánimo y la pesadez. Pero cae la tarde y nuestros personajes parecen renacer, redescubrirse y palpitar de otra forma distinta. Hablan, paladean las horas intocadas, discuten, se aman secretamente, dejan que sus respectivas soledades choquen entre sí como polillas atontadas por la luz. (2010: 7)

La novela, vemos, se abre con la descripción de una situación inicial —los personajes se reúnen al anochecer— en un espacio determinado —la habitación del Pobal—. En el párrafo siguiente da comienzo ya su presentación, pero es preciso atender a una cuestión que no debiera pasar desapercibida: la alusión a los individuos como «los personajes» o «nuestros personajes». La voz narradora de la novela se corresponde, en todo momento, con el narrador clásico de los cuentos infantiles; es decir, una voz omnisciente que, sumada al ritmo de la narración y a esa forma directa (¿espontánea?) de referirse a los personajes —no exclusiva de esta primera página, sino repetida a lo largo del texto—, dota de una oralidad característica al relato.

Pero que todo lo anterior no nos confunda: la novela de Mesa está lejos de ser un cuento infantil y también de articularse como cuento de hadas; ni es festivo ni desvergonzado, por mucho que pueda parecerlo en los capítulos iniciales. Aunque el absurdo sobrevuela el texto, conforme los picos de humor disminuyen, la narración se oscurece. La precariedad de las condiciones materiales comienza a hacer mella en los personajes, que, poco a poco, van aislándose y mostrando otras facetas de su personalidad.

EL ESPACIO Y LOS PERSONAJES

Como iremos viendo, en las obras saramesianas, el eje espacial es siempre un elemento fundamental: en sus textos el espacio *significa*, y por significar me refiero a que tiene efectos, a que influye a los personajes, a que los condiciona.

En líneas muy generales, podemos decir que *El trepanador de cerebros* se desarrolla en tres lugares: el piso compartido, el local y el parque temático.[4] El piso y el local son los espacios mayoritarios, pues en ellos residen los personajes la mayor parte del tiempo, quedando reducida la vida en el exterior a lo imprescindible. ¿Cómo son las dos viviendas (la habitación y el local)? Por encima de cualquier otra cosa, insalubres: tanto en el uno como en el otro se acumulan la mugre, los ruidos y los olores; son espacios minúsculos apenas amueblados en los que se convive en desorden y hacinamiento, donde hace calor, hay cucarachas y apenas entra luz.

El primer domicilio de Silvia y el Chamán es la habitación del piso que comparten con un hombre y una familia de chinos en un bloque destartalado situado en uno de los muchos barrios periféricos

---

[4] Esto no quiere decir que en la novela no aparezcan más espacios, por supuesto, sino que los tres indicados son los más significativos. El centro comercial, la casa de Seisdedos o el laboratorio de trabajo de la empresa del Dr. Gottem son algunos ejemplos de esos otros espacios, que comparten características con los reseñados.

construidos ante el desembarco masivo de nuevos residentes en las ciudades; «un barrio más de esa enorme urbe paralela que une a las ciudades más grandes y pobladas, esa ciudad uniforme y marrón cuyos tentáculos crecen alrededor de las demás [...] que alberga a más habitantes que ninguna y que no tiene nombre» (2010: 13). Las reuniones nocturnas se suceden noche tras noche en la habitación, donde enseguida se amontonan desperdicios: «sobre la colcha, en la mesilla de noche y en el sofá, se ha instalado una capa permanente de ceniza y de polvo, y pedazos de bocadillos, colillas y apuntes arrugados se acumulan por las esquinas» (2010: 19). A la suciedad se le suman dos elementos. El primero es un calor asfixiante, que carga el ambiente de humedad y conduce a la apatía. En el interior del local, con independencia de la estación del año, «la temperatura es cinco o seis grados superior a la de afuera, y la sensación de bochorno es continua» (2010: 47). El segundo son los ruidos del exterior. En el piso, el ruido proviene de la convivencia con el resto de los inquilinos, en tanto que en el local lo hace del trajín en el centro de la ciudad: el mercadillo, los coches, las conversaciones, los gritos, las obras de mantenimiento de las calles, el martillo neumático... Tanto ruido hay en el local, que Silvia desarrolla acúfenos, «una especie de lesión de la cóclea debido a la exposición repetida a ruidos muy intensos» (2010: 81). El trepanador del cerebro de Silvia, en definitiva, «un pasaje directo a la inquietud, al desasosiego, al desamparo, a la ansiedad y a la rabia» (2010: 59).

Podríamos pensar que, en su condición de espacio exterior de unas trescientas hectáreas de extensión, el parque de atracciones significa —y nunca mejor dicho— un soplo de aire fresco para Silvia. Pero nada está más lejos de la realidad, porque el PreHistoric Park es un parque gigantesco en el que la joven «tiene que soportar durante horas los bocinazos, las sirenas y la megafonía estridente de las atracciones» encerrada en un disfraz «de un adorable mamut hembra» que la hace sudar «a chorros» (2010: 85). Las condiciones del trabajo no mejoran cuando pide un cambio de zona y la colocan en una hamburguesería. Con la sonrisa como mercancía, allí la persiguen hasta el plato de la ducha de su casa «los olores a carne cruda, carne quemada y, a veces, carne podrida; el vaho de las frituras de patata, las alitas de pollo y las albóndigas *chili*; la acidez de la mostaza, el *ketchup* y la salsa *cocktail*» (2010: 89). Precariedad y explotación asoman aquí y se despliegan hasta abordar la cuestión de la vigilancia, una vigilancia permanente que sujeta al individuo al lugar que se le ha atribuido (el puesto de trabajo). Y es que a los empleados del parque se los controla mediante cámaras de seguridad que coaccionan con su sola presencia, haciendo que sean ellos mismos quienes reproducen de manera inconsciente su sometimiento. La referencia a la interpretación foucaultiana del panóptico de Bentham es clara en el texto cuando leemos que «lo más desazonador, piensa Silvia, es no saber cuándo hay alguien de verdad observando detrás de una cámara. [...] se siente ella misma como un preso que ignora cuándo está siendo controlado, lo cual, no pocas veces, conduce a un estado de parálisis» (2010: 95).[5] La construcción de espacios vigilados como este parque de atracciones —pero también como el colegio, el pueblo, la casa familiar o la oficina, por citar espacios de otras novelas de Mesa— amenaza con sustraer la agencia de los personajes, convirtiéndolos en sujetos inoperantes e indolentes, paralizados. Por eso —y por sus necesidades de supervivencia, aprovechadas de una manera u otra por el sistema desde el momento en que pone un pie en la rueda—, cuando Silvia trabaja en el peaje de autopista y llega un comunicado del sindicato del sector en busca de firmas para mejorar las condiciones laborales de los trabajadores, se pone del lado de quienes ejercen el poder. En el rechazo a la lucha colectiva de quien de no tener nada ha pasado a vender su fuerza de trabajo a cambio de dinero para subsistir, reside un sentimiento de deuda para con la instancia que el trabajador cree le ha dado la oportunidad del trabajo. De ahí que Silvia no solo se niegue a la firma del manifiesto sindical, sino que haciendo propio el discurso del miedo propugnado por los de arriba, advierta a sus compañeros de que, de seguir con las quejas, «terminarán instalando

---

[5] Más clara es, todavía, la referencia al «Panopticon del que le hablaron los Capiscol» (2010: 95).

un sistema automático de telepeaje, y todos ellos se irán a la calle» (2010: 213). La robotización del individuo se muestra en la novela completa, puesto que es el propio explotado quien defiende e impone las condiciones a las que es sometido en su trabajo.

Pero el asfixiante y pegajoso bochorno de la ciudad de *El trepanador de cerebros*, donde «hace más de dos meses que no llueve y todas las calles ostentan una suciedad polvorienta y opaca» (2010: 23), no es exclusivo de esta primera novela, pues, como veremos en el capítulo siguiente, la espacialidad de *Un incendio invisible* bebe de este calor aplastante que hace que Silvia respire «jadeante, asfixiada por el aire estancado del local» (2010: 148). Podríamos decir que, en esta segunda novela de Mesa, las calles, los parques de atracciones y los grandes almacenes que brillan vacíos entre las llamas son los de *El trepanador*. En lo que respecta a *Cuatro por cuatro*, las escasas imágenes de la ciudad colindan también con el retrato espacial de *El trepanador*, pues se sitúan en un barrio periférico de la ciudad caracterizado por el ruido y las jeringuillas, restos de comida y objetos descuartizados.

Es turno de los personajes. Los personajes de Mesa son particulares y *El trepanador de cerebros* no es una excepción, aunque es probablemente el texto en el que más estrambótica sea su caracterización, por exagerada, por bizarra. Recordemos: un enano que ha vendido su alma, un charlatán que se hace llamar el Chamán, un exentomólogo argentino obsesionado con el suicidio, unos gemelos enormes que se dedican a robar en centros comerciales… Figuras, casi podríamos decir, de circo: bufones, arlequines, acróbatas, forzudos, titiriteros. Los integrantes del grupo del Chamán son individuos de algún modo descontextualizados, puestos en un entorno cuyas reglas no comprenden, rodeados de un mundo en el que no saben desenvolverse. Pertenecen, en definitiva, al otro lado de la norma (a lo anormal, a las sombras). Su marginalidad viene marcada desde el inicio, tan pronto como conocemos sus apariencias físicas, quehaceres y lugar de reunión. Desarraigados, erráticos (itinerantes, como el espectáculo del circo) y excluidos de un sistema del que apenas reciben nada, el grupo deja pasar las horas hasta la llegada de la noche, cuando la soledad compartida los reúne y, como si de historias al calor de un fuego se tratara, brotan las conversaciones. Los personajes se miran, se hablan, están ahí, juntos: pertenecen, al fin, a un común (a una comunidad, la suya) y la compañía —un *yo* vuelto por momentos *nosotros*— aleja «el ruido y la furia» (2010: 83) del exterior y disminuye el incansable martilleo del trepanador, cuyas repercusiones se evidencian en Silvia, pero sacuden también a los demás. Como expone la novela, entre ellos «lo que en verdad importa es rellenar bien el tiempo, apretarlo de objetos y palabras hasta no dejar huecos» (2010: 15), porque por esos huecos se filtran el miedo y la indolencia: la tristeza.

Silvia es una mujer joven de quien desconocemos su pasado —por qué y cómo ha terminado allí, igual que nos ocurre con Nat o Bedragare—, sin preparación ni aspiraciones, y enamorada de la erudición y el temperamento atormentado del Chamán. Este le recrimina en ocasiones su escasa capacidad de abstracción y sus supuestas limitaciones intelectuales; sin embargo, es la única integrante del grupo consciente de lo inviable de su modo de vida. La única que vence la apatía y sale a buscar trabajo, aunque sus malas experiencias en el mercado laboral la devuelvan al punto de partida. En el parque de atracciones entabla amistad con Seisdedos, relación que nos permite conocer un poco mejor la personalidad de la joven. Con él se desarrolla una relación sin duda precursora del vínculo que unirá, tiempo después, a los protagonistas de *Cicatriz*. Veámoslo.

La dominación de Seisdedos se tiende desde el principio bajo el manto del ofrecimiento. El arranque de las interacciones entre ambos es parecido al de la pareja Knut-Sonia: Silvia se torna de repente motivo de la atención de Seisdedos y comienza el cortejo en forma de favores que ella acepta. La sujeción va estrechándose y se inaugura rápidamente una relación de poder basada en la transacción. No quiero insistir mucho aquí en cuestiones teóricas al respecto de la proposición como mecanismo de articulación de una relación de dominación, porque lo haré en el capítulo cuarto, pero sabemos, gracias a Pierre Bourdieu, que el poder simbólico es un «poder invisible que solo puede ejercerse con la complicidad de quienes no quieren saber que lo sufren» (2000*b*: 88). Los gestos de Seisdedos —«servicial, cortés y educado» (2010: 100)— son inofensivos a ojos de Silvia; son, para ella, generosidad inocente cifrada en préstamos de libros, películas, platos de comida reservados a su llegada y pequeños favores. Igual que la protagonista de *Cicatriz*, la mujer no se percata del cercenamiento que la atención de Seisdedos supone hasta que los lazos aprietan. Así, para cuando Silvia comienza a darse cuenta, las posiciones en la relación de dominación están afianzadas. Revertir la dirección de las fuerzas o cortar el hilo se ha vuelto, de un día para otro, difícil. El temor a «despertar a esa bestia parda que duerme tras la sonrisa —cada vez más lasciva— de Seisdedos» (2010: 133) y la deuda contraída con él son paralizantes; esto es, funcionan como dispositivo que obliga al sometimiento. Por eso Silvia obedece, acepta, hace: «al fin y al cabo, él no le pide tanto —únicamente verse algunas veces, un poco de atención, quizás un beso—» (2010: 164). Aquí, en *El trepanador de cerebros*, el miedo, la vulnerabilidad y la deuda son los responsables de la inmovilidad de Silvia, asfixiada en una situación para la que no encuentra salida; en *Cicatriz*, son la culpa y la vanidad las que perpetúan la relación de dominación.[6]

La cuestión de los hurtos es también nuclear en *Cicatriz*, pero está presente asimismo en novelas como *Un amor* o *La familia*. En *El trepanador de cerebros* el robo se da, como en *Cicatriz*, en grandes almacenes, un aspecto para nada baladí por razones evidentes, pero sobre todo porque persigue la explicitación de una rebelión en forma de «reapropiación legítima» del desposeído, pues, como

---

[6] Las correspondencias entre una novela y otra no terminan aquí: Seisdedos y Knut comparten más detalles, como por ejemplo la casa en la que viven (el primero con su madre, el segundo, creemos, también), oscuras, viejas y apolilladas (opresivas), o la fascinación primera que ejercen en los personajes femeninos, mayor en el caso de Knut, pero también perceptible en Seisdedos, cuya «memoria prodigiosa» impresiona a Silvia; sobre todo el hecho de que, cuando ella «le habla de un libro, él no solo lo ha leído, sino que conoce hasta los detalles más insignificantes de la vida de su autor» (2010: 100). Los libros —capital intelectual— como forma de poder simbólico en la relación personal juegan en *El trepanador* un papel similar al de *Cicatriz*.

sostienen los Capiscol, «entrar a saco en los grandes almacenes no es más que cobrarse lo que uno merece» (2010: 96). El arte de la sustracción se la enseñan los hermanos Capiscol a la protagonista —«en qué consiste eso de ser más perspicaz que las omnipresentes camaritas» (2010: 96)— en una escena que resuena a la explicación o exhibición de Knut con Sonia. Es interesante, porque, si en *Cicatriz* el personaje masculino roba, entre otras cosas, como maniobra de cortejo y de dominación de la mujer, en esta novela, los hermanos se llevan ilícitamente objetos de valor para revendérselos, más baratos, a otros —entre ellos, el Dr. Gottem—, quienes a su vez los regalan a terceros, por lo que puede decirse que las contradicciones de Knut, a las que me referiré a su debido tiempo, desaparecen en los Capiscol, para quienes el robo es, además de ajuste de cuentas con el sistema, un modo de supervivencia. Silvia nos da parte de la clave del funcionamiento del mecanismo de sujeción con el que juegan estas novelas, pues, como leemos en la obra, «cuanto más elevado sea el precio de la lencería, supone, mayor será la sensación de poder del hombre que la regala» (2010: 178), es decir que, como aprendemos rápidamente en *Cicatriz*, cuanto mayor es el importe del objeto robado, mayor la fuerza ejercida con el regalo.

Publicada en 2010, en *El trepanador de cerebros* la crisis socioeconómica palpita como sustrato perpetuamente latente en forma de desigualdad social y precariedad existencial y laboral. Sobre este último tema, de hecho, no ha dejado de reflexionar la autora en varios de sus textos (*Oposición* es el último ejemplo). En cualquier caso, la historia de este grupo de desamparados es solo la primera muestra de lo que no tarda en conformarse como proyecto literario caracterizado por interpelar desde parámetros desacostumbrados, obligándonos a torcer la vista para hacer frente a lo que, estando ahí —pudiéndolo ver—, no miramos. Por eso nos reacomodarnos en el sillón, levantamos la vista del libro, carraspeamos. Seguimos leyendo.

Capítulo 2
Todo continuaba
insólitamente despoblado

(Un incendio invisible)

En el año 2011 sale en el sello de la Fundación José Manuel Lara *Un incendio invisible*, la segunda novela de Mesa, reeditada en 2017 por Anagrama. En este relato, nos trasladamos a la ciudad de Vado para asistir a su paulatina descomposición y a la parálisis de sus pocos habitantes. La novela crea una ambientación de corte distópico mediante el empleo de la alegoría y el simbolismo, y en el centro de esa suerte de distopía se ubica, mastodóntica, la ciudad abandonada.

En este capítulo quisiera plantear una lectura de la novela muy concreta, en estrecha relación con su momento de producción (la crisis financiera). Desde la perspectiva que voy a adoptar en adelante, el colapso de la ciudad diegética es metáfora del colapso del modelo socioeconómico y político de los Estados occidentales en general, pero del español en particular. Así, el objetivo de las páginas que siguen es plantear la posibilidad de entender *Un incendio invisible* como alegoría de la pérdida de legitimación del capitalismo avanzado. Para ello, propongo una estructura sencilla: primero, un acercamiento muy breve a la matriz histórica en la que se produce el texto, haciendo hincapié en las crisis desencadenadas en 2008. Las crisis las concibo como aparatos de sustracción de la agencia de los sujetos, entendiendo la noción de agencia como Laura M.

Ahearn, para quien «agency refers to the socio-culturally mediated capacity to act» (2001: 112); o sea, la agencia como la capacidad de actuar de los sujetos en el interior de las estructuras socioculturales de su medio. A continuación, trataré de relacionar esos apuntes sobre la historicidad de la novela con el subgénero de la distopía. Finalmente, analizaré el texto como tal, atendiendo, sobre todo, al espacio urbano dibujado y a las relaciones desarrolladas en él.

LA PARÁLISIS DEL SUJETO
COMO EFECTO DE LA(S) CRISIS

Con la quiebra de compañías como Lehman Brothers, el PIB, las bolsas y los mercados se hunden y la burbuja especulativa estalla. La recesión económica afecta rápidamente a España: se disparan los índices de paro, se recorta en ayudas sociales y sectores públicos, se reduce el salario de los funcionarios, se congelan las pensiones y se multiplican las sentencias de desahucio y los expedientes de regulación de empleo. El gobierno y los medios de comunicación intentan tranquilizar a la población: la crisis es financiera, así que solo es cuestión de tiempo que los mercados se recuperen. Es cíclico, hay que aguantar. Pero la crisis, ya se sabe, no conduce irremediablemente al desempleo, a la bajada de sueldos o a los desalojos; estos son consecuencia de decisiones políticas concretas. En este caso, las del gobierno socialista de José Luis Rodríguez Zapatero.

En su texto «Imaginar sujetos para pensar lo común», Javier López Alós sostiene que «el término "crisis" nos habla de un momento excepcional en el que debe tomarse una decisión para el restablecimiento de algún tipo de orden o la estabilización de un sistema» (2019: 90). Sin embargo, aquí se da una de las grandes paradojas del presente (todavía) en crisis: la realidad nos empuja a decidir, pero el sistema nos configura para impedirnos hacerlo. En palabras del propio autor: «mientras la crisis demanda decisión, la subjetividad resultante de estas formas tardocapitalistas se muestra impotente a la hora de hacerse cargo de cualquier decisión» (2019: 110). Esta tensión desencadena el malestar general tan característico del momento histórico al que nos estamos refiriendo, un malestar que se traduce las más de las veces en parálisis.

La parálisis es la incapacidad de actuar y de darle sentido a la historia colectiva o de una o uno mismo. Podemos decirlo así también: la crisis del sistema pone en crisis la agencia del sujeto y, con ella, su facultad para producir un relato. Para Federico López-Terra, en la intersección entre las ficciones producidas durante la coyuntura de crisis y la crisis de la subjetividad neoliberal se encuentra, precisamente, la cuestión de la agencia (2019: 128). En un texto que lleva por título «Narrar la crisis. Representación y agencia en la España poscrisis», López-Terra divide los relatos de la crisis en dos: por una parte, los textos inagentivos; por la otra, aquellos cuyo objetivo es devolverle al sujeto su capacidad de acción. Entre los mecanismos narrativos característicos del primer tipo está el uso de metáforas (la catástrofe, el contagio, el efecto dominó) a la hora de representar y comprender el fenómeno de la crisis. Estos elementos justifican la falta de agencia de los sujetos y, a su vez, salvan las dificultades de la ficción a la hora de tematizar y aprehender determinadas coyunturas sociohistóricas.[1] El derrumbe sistémico (la crisis) tensiona la subjetividad del sujeto y quiebra el propio relato. Dicho de otra manera: el colapso del exterior revierte en el colapso del individuo, que queda en *shock* ante una realidad insólita. El problema para la ficción es, en adelante, cómo cifrar el malestar y la precariedad del momento.

La novela de Mesa, huelga decir, no representa sino una de las formas en que los productos culturales traducen su presente (*ese* presente), para lo cual hace uso de elementos propios del género distópico, en la línea de *La mano invisible* (2011), de Isaac Rosa, y, después, *Las efímeras* (2015), de Pilar Adón, o *El sistema* (2016), de

---

[1] Para López-Terra, en esta línea, la crisis es «un dispositivo narrativo que elude ser narrado» (2019: 132).

Ricardo Menéndez Salmón, por decir solo unos pocos ejemplos. ¿Cuáles son esos elementos? Vamos a ello.

VADO, UNA CIUDAD DISTÓPICA

Un incendio invisible narra los últimos estertores de Vado, una ciudad antaño moderna, ahora en declive y descomposición. Allí hace calor, hay pocas reglas y viven un puñado habitantes escondidos entre las ruinas. Es una ciudad fantasma: supermercados desvalijados, calles desiertas y hoteles vacíos. A ella llega, no se sabe de dónde ni por qué, el doctor Tejada, personaje principal de la novela, para hacerse cargo de la dirección del geriátrico New Life, la que fuera en otros tiempos, según leemos, «la residencia de ancianos más grande y más lujosa de todo Vado» (2017: 17). La situación es extrema: dos o tres empleados sin sueldo desde hace meses y apenas pacientes (aquellos abandonados por sus familias); instalaciones descuidadas y deuda económica considerable. Para Jorge González del Pozo, las similitudes del espacio urbano con la ciudad norteamericana de Detroit, despoblada con la desindustrialización, son más que evidentes. De ahí que el relato de Mesa pueda leerse como retrato de «la caída de los imperios industriales del siglo xx» (2020: 106).[2]

La novela, como muchas otras de la autora, se estructura sobre la dicotomía entre espacios exteriores e interiores. Los primeros están constituidos íntegramente por Vado; los segundos los componen, sobre todo, el geriátrico donde trabaja el protagonista y el hotel Madison Lenox, donde pernocta, ambos imagen evidente del pasado glorioso de la ciudad, del que solo quedan restos. El denominador

---

[2] La propia autora afirma haberse inspirado en dicha ciudad norteamericana, como más adelante referiremos. En cualquier caso, para González del Pozo, la novela está ya desde el título refiriéndose, de manera directa, a la ciudad de Detroit. Desde su punto de vista, *Un incendio invisible* es esa ciudad del motor en llamas de la que habla la popular canción de John Lee Hooker, «The Motor City is Burning», y que abre, junto con la cita de Juan Eduardo Cirlot, la novela.

común o vínculo entre los espacios exteriores y los interiores es la pérdida de su sentido, promovido por el éxodo de sus agentes de significado: los sujetos, quienes los ocupan y los usan. El juego con la ambigüedad es general en el texto, como es común en la producción saramesiana, pero incisiva aquí en lo concerniente a los motivos de la despoblación: un silencio sepulcral lo envuelve todo, quizá porque no es preciso decirlo —porque ya se sabe—, quizá porque poniendo nombre se torna más real. La atmósfera de Vado es incómoda y opresiva, aunque sus calles estén vacías, porque las ruinas acechan en cada esquina (cristales rotos, puertas destrozadas, asfalto abierto, edificios semiderruidos; suciedad, polvo, animales muertos y calor, mucho calor). Imaginario apocalíptico.

La distopía es un subgénero que, a grandes rasgos, se caracteriza por «el aspecto de denuncia de los posibles o hipotéticos desarrollos perniciosos de la sociedad actual», una denuncia que se yergue sobre la deducción de «un futuro de pesadilla a partir de la extrapolación de realidades presentes» (López Keller, 1991: 15). El origen del subgénero suele fijarse en la disolución de la idea de progreso y la consecuente apertura de un escenario marcado por el pesimismo y la derrota (Martínez, 2020: 127-128). Este escenario ha permanecido bastante inalterado hasta la actualidad. Es más, tal y como arguye Teresa López-Pellisa a propósito del contexto español,

> los atentados del 11 de septiembre de 2001 en Estados Unidos, junto a los del 11 de marzo de 2004 en España, y la gran recesión económica y mundial que se inició en el 2008 tras la caída del banco Lehman Brothers, cuyas consecuencias todavía perduran en España, junto a los grandes casos de corrupción política […] y otros tantos casos de corrupción urbanística, han generado un panorama político social de gran incertidumbre e inestabilidad en la sociedad española, dando lugar a un gran número de ficciones distópicas en la Literatura, el Cine y el Teatro. (2017: 336)

Lo distópico responde al estado de ánimo de una coyuntura específica que codifica las inquietudes de la sociedad; es, como sostiene Rudinei Kopp, «la caja de resonancia de una época» (2014: 160). Su anclaje en los problemas que atraviesan su momento de producción es la que permite hablar de la capacidad crítica o subversiva del subgénero.[3] *Un incendio invisible* se publica el año del estallido del movimiento 15M; sin embargo, y como es lógico, se concibe con anterioridad. La propia Sara Mesa afirma en la nota introductoria a la edición de 2017 haberse inspirado en el extraordinario (y terrorífico) fenómeno de despoblación que vivió la ciudad de Detroit tras la debacle de 2007/2008. El derrumbe iniciado entonces se convierte al poco en el derrumbe de todo un paradigma, de todo un orden social y cultural, del capitalismo, a fin de cuentas, y de su relato de vida, sin que exista otro para reemplazarlo. El desconcierto y la incertidumbre son absolutos: el presente parece resistirse a ser contado, en tanto que el futuro parece haber quedado bloqueado.

El género de la distopía acostumbra a escoger espacios urbanos, y un elemento recurrente de la corriente apocalíptica es su repentino vaciamiento.[4] De acuerdo con Fernando Á. Moreno Serrano y su *Teoría de la literatura de ciencia ficción* (2010), las novelas postapocalípticas «transcurren en nuestro planeta después de un trágico acontecimiento que haya terminado con casi toda la población humana», tras el que «los supervivientes deben enfrentarse a un medio hostil» (268-269). Pero en *Un incendio invisible* ni ha estallado una guerra, ni ha habido una invasión extraterrestre, ni se ha desencadenado ninguna pandemia. Algo ha ocurrido, pero no tenemos idea de qué (la elipsis). El mundo narrado es reconocible y algo ha ocurrido (está ocurriendo). Nada más. El apocalipsis, podríamos decir, se inocula de manera sutil mediante la hipérbole

[3] Sin embargo, hay debate. Para una argumentación en torno al conservadurismo inherente al género distópico léase, por ejemplo, *Contra la distopía* (2021), de Francisco Martorell Campos.

[4] «La presentación de un espacio abandonado o semiabandonado en el que se observa la corrosión por el paso del tiempo presupone la idea del apocalipsis» (Naval, 2013: 218).

como recurso para la mirada extrañada: aquí el fin del mundo se traduce en términos de aniquilación y de agotamiento paulatino, y la degradación del entorno urbano es equivalente a la degradación del ser humano que lo habita.

El análisis detenido de los elementos urbanísticos más representativos de Vado (su centro comercial Sunrise, sus hoteles, su Torre Grady, su estación central o sus distintos barrios residenciales) permite hablar, como lo hace Pablo Capanna en su estudio de la obra de James Graham Ballard, de un «espacio globalizado que ha sido despojado de cualquier vestigio de historicidad, para convertirse en un conjunto homogéneo de no lugares» (2009: 190). Harto conocido es el concepto de *no lugar* de Marc Augé, empleado para definir espacios de tránsito y de anonimato, lugares que son repetibles porque carecen de historia. Estos espacios, que dominan la urbe moderna, son para Augé contrarios a la utopía, puesto que crean soledad y similitud, en lugar de identidad y relación (2000: 107). La globalización ha producido un modelo único de ciudad, destruyendo a su paso particularidades: podemos vivir en distintos lugares, pero nada escapa a la homogeneidad que impone el modelo.

En Vado, «las grandes cadenas comerciales y las franquicias de moda habían cerrado todas, así como los Starbucks, los Burger King, los Kentucky Fried Chicken» (Mesa, 2017: 73). Los elementos que hacían de la urbe una metrópolis moderna están abandonados, y el cierre de esos emblemas de la globalización da paso a un marco urbano dominado por una versión del no lugar hiperbolizada por el vaciamiento, por la desocupación. La iconografía del desastre es consistente a lo largo de la novela, y esto se logra abarrotando de referencias al imaginario postapocalíptico e incidiendo en la deshumanización del entorno: carreteras vacías, parcelas secas, piscinas semiolímpicas sin agua, jardines tomados por la maleza, ausencia de ruido, coches abandonados, edificios derruidos o pasarelas cubiertas de basura son algunos ejemplos de los signos del colapso en el texto. Vado es «como una ciudad tras la guerra pero sin la guerra» (2017: 42). El relato lo advierte desde el inicio: el doctor Tejada está llegando en taxi a la ciudad y la voz narradora nos informa de que «tan sólo un año antes, tiendas, restaurantes, parques de atracciones y hasta un casino —ahora ya cerrado— habían sido el entretenimiento de familias que hacían cola en el coche hasta encontrar una plaza de aparcamiento» (2017: 14-15). La realidad es ahora otra.

En el centro urbano, los escasos viandantes deambulan «por delante de selectas boutiques, establecimientos de tecnología, centros de belleza con sus camillas y sus cabinas de hidromasaje comidas por la mierda» (2017: 57). Que se resalte el abandono de estos lugares y no de otros no es casual: las tiendas, los restaurantes, los centros de belleza, los parques de atracciones y los casinos son símbolos por antonomasia del mundo occidental (del Progreso), y remiten por tanto a imperativos del presente como el consumismo, la cultura de masas, el cuidado de la imagen, el entretenimiento o la automatización. Al prestar atención a su deterioro y al modo en que en ellos se abre paso el medio vegetal y animal —los matojos lo cubren todo y «encontrarse con animales salvajes [...] no era infrecuente. Lo llamativo [...] eran las personas» (2017: 190)—, se incide en un proceso de desgaste que parece no tener vuelta atrás y se subraya algo, creo, fundamental. Y es que, como apunta Daniel Ferreras Savoye, «the threat at the center of the narrative syntagm is internal rather than external: it is the very reality we have created according to rational imperatives that turns against us and not some unexplainable outside force that suddenly appears without logical explanation» (2011: 141). El incendio comenzado con el impacto de la globalización neoliberal era invisible, pero en Vado —cualquier ciudad occidental— ya no lo es. En su trabajo sobre la novela, González del Pozo expone algo parecido cuando escribe lo siguiente:

> la sociedad consumista de usar y tirar, a la más grande escala, se muestra en el texto, no solo desde el crecimiento, ni desde su desarrollo o los problemas que pueda crear, sino desde las consecuencias de un modo de vida insostenible. De forma alegórica y al igual que cualquier otro producto, una vez que la ciudad ya no sirve, se tira, se abandona. (2020: 106)

La centralidad del espacio en el relato es indiscutible. Podría defenderse incluso que la historia de *Un incendio invisible* no es sino la historia de la ciudad en ruinas y nada más; la historia de unas ruinas susceptibles de interpretarse como fallas de la modernidad, como metáforas o alegorías de un punto en el que pasado, presente y futuro se funden. Desde esta perspectiva, la novela se abre a la consideración de las ruinas como imagen que se proyecta en el presente para interceder en o fracturar el discurso lineal de la historia, según el cual el tardocapitalismo es resultado inevitable (lógico) de la evolución (del progreso, que es siempre a mejor). El progreso, sin embargo, no es infinito, y Vado es la constatación, en forma de imagen, de esa finitud. Pero el colapso del sistema tematizado en el abandono y la ruina no es el único colapso al que apunta la narración. La crisis climática, por ejemplo, es otra realidad sobre la que llama la atención el relato. Por eso en la ciudad ficcional el calor es asfixiante y la sequía casi permanente. El orden neoliberal nos ha abocado a una debacle que es también ecológica.

En la novela se ha producido una bifurcación: «unos huyen de Vado y otros se refugian en los rincones más míseros» (2017: 92). Los que huyen son aquellos que se lo pueden permitir, aquellos cuyas condiciones materiales, personales o familiares, posibilitan su marcha. Para las personas sin los recursos necesarios —aniquilados por el sistema— no hay escapatoria: quedan atrapados, engullidos por una ciudad que los arrastra en su caída. Los motivos del abandono, como ya he dicho, se dejan a la imaginación de quien lee, aunque pueden intuirse cuestiones relacionadas con la desindustrialización, la deslocalización económica y las crisis. En cualquier caso, del enmascaramiento de las causas brota justamente parte de la riqueza del texto, si se entiende por riqueza las resistencias a una interpretación unidireccional. Volveré a ello.

En la ciudad parece que nadie comprende —y si alguien lo hace, no lo dice—, pero tampoco se hacen preguntas, a pesar de que todo se encamine hacia el desastre. Las posibilidades de supervivencia se reducen día a día. Es solo cuestión de tiempo que a los habitantes de la ciudad se les termine la comida. Primero cazarán perros abandonados, después, quién sabe si llegará el canibalismo. La hostilidad del medio es total. No hay dinero para pagar las facturas y por eso cada día que pasa es «más difícil encontrar edificios con agua y luz» (2017: 224). En el Madison Lenox, el hotel donde se hospeda Tejada, «el cartel que anunciaba ofertas especiales y celebraciones se había descolgado de uno de los lados y pendía ahora a merced del viento. Las cinco estrellas lucían deslucidas y nostálgicas. En el vestíbulo la negrura era completa» (2017: 178). El avance de la descomposición hace imposible la vida. Por eso los personajes han de buscar otros refugios y acaso otras formas de subsistencia. Aquí la degradación del entorno urbano es la degradación del indivi-duo, y si «antes se había podido ir sorteando el desánimo» (2017: 177), llega un momento en que es ineludible. La oscuridad se hace permanente justo cuando el incendio, que era invisible, se torna visible y el fuego termina por comerse la ciudad la noche en que arden, intencionadamente,

> una treintena de edificios [...], algunos tan grandiosos como el Gran Teatro de Vado, el moderno Hotel Carlton, el reciente Museo de Ciencias Aplicadas, las oficinas centrales de Ericsson, la sede de la General Motors, parte del estadio de fútbol y la última —y polémica— ampliación de la biblioteca universitaria, obra del arquitecto tailandés Piparon Namatra. Cayeron también dos comercios que de por sí ya estaban bastante ruinosos, y el restaurante japonés Go, famoso por sus variedades impagables de sashimi. (2017: 182)[5]

[5] El fuego no es solo implícito, como vengo señalando. González del Pozo apunta a la misma diana cuando sostiene que la novela «también retrata incendios reales y muy visibles que asemejan lo que ya sufriera Detroit durante las infames "Hell's Nights", a la que se hace referencia directa como la noche diabólica o del diablo en la novela. En las noches de Halloween durante los años de total destrucción de la urbe, numerosos incendios intencionados de edificios abandonados tenían lugar en la ciudad simplemente para disfrutar de la belleza de la destrucción» (2020: 112).

No insisto en los detalles evidentes que aluden a la globalización de y en Vado, pero sí que llamo la atención sobre algo: los responsables de los incendios no queman casas, parques infantiles, monumentos históricos o centros de educación secundaria, sino que deciden calcinar hoteles, comercios, grandes compañías y restaurantes exóticos, todos ellos emblemas de la ciudad moderna, acaso símbolos tras los que se esconden las manos de los culpables de la caída.

EL HABITANTE DE VADO

¿Cómo son los personajes que residen en Vado y cómo son las relaciones que establecen entre ellos? Gaston Bachelard expuso en su famoso ensayo la relación indisoluble entre la construcción identitaria del sujeto y el espacio en el que se insertan sus vidas al afirmar que «la casa remodela al hombre» (1983: 79). La soledad y el anonimato (o la soledad del anonimato) marcan tanto el paisaje como la idiosincrasia de los personajes de esta novela —«gente solitaria caminando con aire ausente» (2017: 42)—, unos personajes incapaces de hablar, dada la supresión forzada de la historia, que determina en última instancia procesos concretos de subjetivación y, por tanto, de interacción basados en la deshistorización tanto personal como colectiva. Y es que, como lo señala Isabel Cuñado, la distopía se genera también por la ausencia de una conciencia de grupo en la medida en que supone la destrucción de un horizonte de futuro (2014: 107). En *Un incendio invisible* no hay atisbo de cohesión social ni, en consecuencia, posibilidad alguna de construir un proyecto común basado en la empatía y la solidaridad (de clase).

La despoblación ha hecho de todos los rincones de su geografía urbana una amalgama de no lugares que imposibilitan el establecimiento de un marco dentro del cual los sujetos puedan establecer relaciones personales. A excepción de una niña y de su vínculo con un perro callejero, la experiencia de los personajes de la novela está exenta de afecto.[6] La desafección de los habitantes, que redunda en una desaforada individualidad, se supedita a la pérdida de sentido de un presente al borde de la destrucción, de lo que se derivan el inmovilismo y el silencio como formas de comportamiento, y la soledad y el aislamiento como suerte de patología común. En una urbe disfuncional, disfuncionales son también sus habitantes.

Tejada es el máximo exponente de lo anterior. La novela arranca con su llegada a la ciudad, en un momento en que el impulso mayoritario es huir de ella, lo cual ya nos indica ciertas particularidades. Estamos ante un personaje complejo que combina la impostura —cuestión transversal en la producción de Mesa— con la contradicción: del «yo soy un hombre con una gran misión» (2017: 158)[7] que repite a empleados y residentes del geriátrico instantes antes de encerrarse en su despacho para dormitar, a su aislamiento expreso, desmentido en el fondo por la extraña relación que establece con la niña que cuida del perro callejero y con la recepcionista del hotel. Vado es la ciudad de los farsantes: quizá como mecanismo de defensa, allí la impostura es compartida. Silenciosos e indiferentes, pues «no hay mejor explicación que el silencio» (2017: 100), como expone uno de ellos, a pesar de que este no conlleve sino el derrumbe del relato: los personajes callan, negándose la narración de lo que (les y nos) ocurre.

El silencio se justifica en la diégesis por dos vías: la primera, la falta de agencia de los sujetos; la segunda, el sentimiento de culpa. Una de las características de la distopía, de acuerdo con Moreno Serrano, es «la interacción de un individuo ante un medio hostil que no acaba de comprender ni aceptar» (2010: 271). En Vado, el mundo se acepta, pero no se comprende. Solo a ojos de quien proviene de fuera es insólito lo que para el resto es normalidad. El doctor

---

[6] Lo repetiré más adelante, pero la indagación en las relaciones entre seres humanos y animales (perros, sobre todo) es habitual en la producción de Mesa. Piénsese en novelas como *Cara de pan*, *Un amor* o *La familia*, por no hablar, por supuesto, de *Perrita Country* (2021).

[7] Los ecos al personaje del padre en *La familia* son lejanos en el tiempo, pero bien audibles (claros).

Tejada y Rachid Benmoussa, «investigador científico de los grandes movimientos migratorios» (2017: 66), son los únicos forasteros en la ciudad. La desidia ha matado el afecto de Tejada: no es tanto que no comprenda o que no acepte lo que ocurre, es que no le importa, puesto que el personaje ha arribado a Vado para hundirse con ella. A Benmoussa le toca, entonces, explicitar las preguntas que nos asolan también como lectoras y lectores (aunque no obtenga respuesta). Por su parte, el sentimiento de culpa como justificación de la inacción y del mutismo lo expone el propio Tejada al preguntarse cómo los huidos de Vado «van a explicar que dejaron aquí a sus viejos, a sus perros, incluso a sus hijos, abandonados a su suerte» (2017: 100). Tendremos oportunidad de atisbar a lo largo de las páginas de este libro que, en un universo regido por el silencio como es el saramesiano —ya sea, en el caso de esta novela, motivado por la abulia, el *shock* o la culpabilidad—, el establecimiento de relaciones personales está atravesado por un lenguaje velado, que es el que, como círculo vicioso, empuja a su vez al aislamiento de los sujetos.

Más allá del vínculo entre espacio y subjetividad que estamos trazando, en *Un incendio invisible* se da también una correspondencia entre el interior del protagonista y el exterior, hecho que corrobora, de nuevo, el trasvase de lo externo a lo interno. La psique del geriatra, la residencia New Life y la ciudad de Vado configuran una especie de *continuum* ruinoso que Tejada no tarda en somatizar. Apuntar, en esta línea, a ciertos detalles como el eccema aparecido en el cuero cabelludo del doctor, la pérdida de visión o los ataques de los que es víctima y que reflejan, conforme van apareciendo, la proximidad de la debacle no es trivial.[8] La novela que nos ocupará en el capítulo siguiente muestra algo parecido, y es que la decadencia es contagiosa, y el derrumbe del paisaje (de un modo de vida) empuja en su caída a unos sujetos incapaces de intervenir. Porque, si hay algo que une a los personajes de este libro es su aniquilación a la

---

[8] Como tampoco lo es en el personaje de su siguiente novela, *Cuatro por cuatro*, Isidro Bedragare, tal y como veremos en el siguiente capítulo.

sombra de una ciudad cuya atmósfera asfixiante cubre de cenizas lo que encuentra a su paso.

Los personajes de este relato exhiben un estar-en-el-mundo marcado por la falta de emoción y de empatía, por la incapacidad de dar una respuesta al entorno propiciada por el desplome de un sistema cuya razón de ser —máximo beneficio al menor coste— se ha llevado al extremo. La situación de Vado es la representación, entonces, de la crisis radical de todo un sistema y la reacción de quienes se han marchado sin echar la vista atrás, expresión antonomástica del «sálvese quien pueda» propio del individualismo imperante. Ahora bien, ¿qué hacemos con el desplazamiento de las causas directas en favor de los efectos? Por un lado, está claro que es posible leer esa borradura como recurso para la riqueza interpretativa; sin embargo, puede interpretarse también como oscurecimiento de responsabilidades. Me explico: al no exponer los motivos que han llevado al colapso de la ciudad, el texto elude señalar culpables. La caída de Vado no era impredecible, igual que la crisis de 2008 no era una catástrofe inevitable, sino más bien el resultado de una serie de decisiones concretas. Silenciado el origen del desastre, la novela parece justificar la versión oficial de la crisis, una versión paralizante y, en cierta medida, incluso traumatizante de la debacle. Y no solo eso, fijémonos: Vado es un territorio donde «familias bien, arruinadas y embargadas, comidas por su propia avaricia […] ha[n] avanzado hacia delante como las ratas despavoridas que corren ante el fuego» (2017: 102-103). En momentos como este, ¿culpa el relato al individuo de su situación? Si es así, promovería un tipo de lectura del presente que, más que apuntar hacia el sistema, señalaría el comportamiento de estos sujetos como catalizador de la catástrofe. De no ser así, podría entenderse como crítica a una insolidaridad y un egoísmo endémicos.

La subjetividad paradójica del sujeto neoliberal a la que me he referido más arriba, y que es fruto de la tensión entre la obligatoriedad de decidir que exige una situación en crisis y la imposibilidad de hacerlo, está muy bien representada por los personajes del relato. El desajuste del sistema provoca el desajuste de la subjetividad del individuo, que queda paralizado ante el desajuste producido cuando chocan la demanda de acción y respuesta y la sustracción de las facultades requeridas para solucionar esa demanda. La novela de Mesa no otorga respuestas, sino que identifica grietas. No hay en ella tampoco reacciones de oposición; no hay chispa que encienda ninguna mecha, porque ni siquiera hay mecha que conduzca a la emancipación. La inacción de los habitantes de Vado se inscribe, así, y siguiendo la teoría del *shock* de Naomi Klein (2007), en lo que Ángela Martínez Fernández ha dado en llamar «estado de excepción psicológico», esto es, estados de *shock* resultado de situaciones límite que recortan, cuando no anulan, las facultades de los sujetos (2014: 389). El abandono de la ciudad y de sus espacios simbólicos supone, además, la desconexión de los sujetos con la historia, hecho que propicia en mayor medida la incapacitación para procesar críticamente los sucesos que viven. La novela señala con acierto los callejones sin salida, pero no da oportunidad a sus personajes de imaginar cómo saltar los muros.

En la geografía de Vado, como hemos visto, son todavía perceptibles las marcas del desarrollismo neoliberal: centros comerciales, grandes edificios de oficinas, barrios residenciales con piscina y jardín, hoteles y cadenas de restaurantes que se construyeron con el objeto de consagrar el estado capitalista. Los cambios en la urbe moderna pusieron en funcionamiento mecanismos con un fin concreto: la perpetuación y propagación de los componentes básicos de la sociedad capitalista, privilegiando la presencia de aquellos lugares que favorecieran formas de vida asociadas a valores de consumo. Zygmunt Bauman emplea la metáfora de lo líquido para mapear la contemporaneidad, caracterizada por la precariedad, la movilidad, la temporalidad y la incertidumbre constante: «una sociedad que fluye veloz, que lo tritura y lo erosiona todo cada vez con mayor rapidez» (2016: 177), una sociedad que tritura hasta la propia ciudad.[9] El colapso que retrata *Un incendio invisible* es el resultado de un sistema que ha pulverizado

---

[9] Volverá a aparecer Bauman en el capítulo quinto del libro, el dedicado a *Cicatriz*, lo cual me lleva a adelantar que, en efecto, varios de los textos de la autora son susceptibles de ser leídos desde la metáfora de lo líquido.

y gastado hasta el límite, una representación a pequeña escala de un universo que se viene abajo como consecuencia de una forma de vida basada en el consumo, la (auto)explotación y el extractivismo; una forma de vida producida y reproducida por un orden que ha tratado de brillar —y sigue haciéndolo— sin importar cómo ni a costa de qué o de quién(es).

El valor de esta novela reside, pienso, en devolverle a lo distópico sus atributos originarios —atendamos: «uno de los primeros elementos que empezaron a caracterizar la distopía fue el ataque a los defectos de la sociedad» (Galdón Rodríguez, 2011: 23)—, es decir, en conectar con su momento de producción para advertir de un porvenir indeseable sin promover retorno ninguno ni otorgar justificación al estado actual de las cosas. No me parece poco, la verdad.

Capítulo 3
Hay algo que se me escapa en este sitio

(Cuatro por cuatro)

En el capítulo que le dediqué a la cuestión del poder en el ensayo *Ideología, poder y cuerpo. La novela política contemporánea* (2023), hablé por extenso sobre la tercera novela de Mesa, *Cuatro por cuatro* (2012), un texto —creo todavía— poco valorado por la crítica. Los motivos de mi atención fueron (y son) sencillos: de un lado, la calidad literaria de la obra con respecto de las dos anteriores, aunque ya *Un incendio invisible* había tanteado otros caminos (depuración, concisión, ritmo); del otro, su tema principal, que es el poder o, más concretamente, las relaciones de poder en espacios cerrados. Si bien es cierto que, como hemos visto en las secciones anteriores, la indagación en torno a los modos en que se ejerce el poder estaba, de una manera u otra, presente ya en las primeras obras, *Cuatro por cuatro* es —me gusta llamarla así— la gran novela sobre el poder y sus efectos.

Con el manuscrito del citado ensayo sobre novela política ya en las manos, tuve el valor (o la osadía) de pedirle a Sara Mesa un epílogo. Muy amablemente aceptó, y escribió el texto que cierra el libro, titulado «Una reveladora radiografía ideológica». En su última página, y tras haberse referido a algunos de sus temas y a la posibilidad de una lectura política de sus novelas, dice:

Yo escribía, he escrito, de todo esto casi sin proponérmelo, porque lo contrario —no escribir sobre esto— habría sido imposible de acuerdo con mi manera de entender el mundo. Da igual si había leído el *Vigilar y castigar* de Foucault cuando escribí *Cuatro por cuatro* —no, no lo había hecho—, pero sí lo leí años después, lo que demuestra que mi interés por los sistemas controladores y punitivos del Estado ya estaba de antes, y sigue vivo después. (2023: 307)

Me interesa sacar a colación dos detalles. El primero es la alusión a *Vigilar y castigar* (1975), un ensayo elemental dentro de la producción de Michel Foucault y básico para una lectura y reflexión sólida sobre lo que ocurre en el Wybrany College. El segundo, su interés en «los sistemas controladores y punitivos del Estado», que ya estaba en *El trepanador de cerebros*, «y sigue vivo después», porque, en efecto, la vigilancia disciplinadora no ha dejado de aparecer en sus novelas. ¿Qué quiero decir con esto? Que estamos abriendo con estas líneas el que es uno de los capítulos primordiales de esta monografía, puesto que asienta una serie de herramientas teóricas a las que iremos volviendo en lo que resta de libro.

El poder entendido en términos foucaultianos adopta la forma de red de relaciones que atraviesa el cuerpo social en múltiples direcciones produciendo distintos efectos. Los trabajos de Foucault dedicados a ello son numerosos, pero en ninguno es su objetivo primero dirimir lo que es (trazar una definición), sino más bien exponer la manera en que actúa, a través de qué medios se ejerce y qué consecuencias tiene su ejercicio en los sujetos. La primera parte de este capítulo tiene el mismo interés, razón por la cual nos detendremos primero en la espacialidad del poder y en las técnicas de normalización de los sujetos y, después, en las relaciones de poder que se desarrollan en el interior de ese espacio.

ESPACIO Y PODER: LOS ENTRAMADOS DEL WYBRANY COLLEGE

En las sociedades disciplinarias de Foucault, a los sujetos se los inserta en distintas instituciones de vigilancia, corrección y control con el objetivo de vincular o fijar sus cuerpos a aparatos de producción y de saber reglados de acuerdo con un criterio de normalización (la Norma) (1999*b*: 248). Con la vigilancia y el control se busca institucionalizar cuerpos —coserlos a un mismo traje—, y esa institucionalización se lleva a cabo en espacios concretos, entre los que destacan la fábrica, la escuela y el hospital. La vinculación entre espacio y poder es una de las primeras cuestiones sobre las que llama la atención Foucault en *Vigilar y castigar*, y es que ¿qué es el espacio sino el soporte material para la actuación de determinados instrumentos disciplinarios y biopolíticos? El espacio que nos interesa aquí es el colegio Wybrany College, el lugar donde acontece la acción de *Cuatro por cuatro*, un «contraespacio» o «heterotopía de desviación», según la nomenclatura foucaultiana; es decir, un lugar de transformación inherente a la comunidad social aislado y cerrado sobre sí mismo (Foucault, 2010: 21-28). Su propósito: corregir cuerpos (conductas), para lo cual hace uso del llamado poder disciplinario, cuya técnica —la disciplina— torna objeto al individuo hasta convertirlo en cuerpo dócil (2012*a*: 199).

Bien, parte de la fuerza de este poder disciplinador descansa en la distribución espacial del conjunto bajo dominio, por lo que la arquitectura pasa de mero ornamento a ser concebida como inductora de efectos específicos en un campo de relaciones. Pensemos en la escuela —una cualquiera— como espacio arquitectónico y en su división de lugares y de tiempos: la concatenación de pasillos, de aulas y de salas de estudio, la sucesión de materias y de docentes, las calificaciones, las filas de alumnado en clase y su disposición, la tarima, las ventanas, las escaleras, las puertas. Un espacio, en fin, constituido como tablero de juego en el que cada individuo queda sujeto a una posición concreta. Solo una vez dilucidada la configuración externa e interna del espacio podemos acercarnos a los modos en que se efectúa la normalización de los cuerpos, pues este proceso de normalización se entiende como efecto inducido por la disposición arquitectónica, así como por la acción de unos discursos y unas prácticas particulares.

En *Cuatro por cuatro* se narran distintos periodos en el internado Wybrany College, un colegio destinado a hijos de familias adineradas al que también acceden alumnos becados a cambio del trabajo de sus padres en el recinto. Las relaciones entre los estudiantes, entre el profesorado, y entre los trabajadores y los miembros de la dirección del centro nos sumergen en un microuniverso, de nuevo, asfixiante, dominado por la impostura, el aislamiento, los silencios y las relaciones de poder. Dividida en dos partes cronológicamente dispares y un epílogo, en la primera mitad se pone el foco en los personajes de Celia, estudiante becada insatisfecha con su vida en el colegio, e Ignacio, un niño de clase pudiente que sufre las burlas y las vejaciones de sus compañeros. Esta sección nos da una visión parcial del colegio, que se completa con la segunda parte del relato, narrada en forma de diario desde la perspectiva de un nuevo profesor, Isidro Bedragare. El colegio tiene en esta novela entidad propia; es, podríamos decir, el gran protagonista del relato, un espacio arquitectónico e institucional en cuya génesis existen ya una serie de elementos que permiten, como veremos, hablar de la escuela como maquinaria legitimadora y reproductora de pensamientos y comportamientos concretos.

La disposición espacial, de acuerdo con Foucault, sirve al objetivo de la dominación de los cuerpos que lo habitan, pues, por un lado, permite con su distribución el uso de la vigilancia jerárquica, de la sanción normalizadora y del examen, y, por el otro, da pie al cumplimiento de las exigencias de la disciplina: la clausura, la división en zonas y el rango o la jerarquía. Esta disposición está perfectamente trabajada en el texto a partir de sucintas descripciones que hacen posible tanto hablar del colegio como espacio geográficamente aislado como conocer su distribución interior. Para entrever cómo se configura este espacio y la manera en que se relaciona con el ejercicio de la disciplina hagamos *zoom*, primero, en la vertiente espacial de la escuela (o sea, la escuela como entramado arquitectónico) y después en su vertiente normativa (la escuela como entramado institucional). De más está decir, creo, que estos dos niveles o entramados no actúan de forma independiente, sino cruzada.

El Wybrany College está aislado y rodeado de bosque. Para llegar al municipio más próximo hay que coger el coche. No hay indicaciones en el exterior sobre su ubicación, ni siquiera en su página web. La distribución arquitectónica de su interior se desvela lentamente en la novela: dos módulos bien diferenciados e incomunicados, uno para los «Normales» (estudiantes adinerados) y otro para los «Especiales» (becados), y un edificio aparte, correspondiente a la casa del director. Las habitaciones de estudiantes y profesores están repartidas a lo largo de pasillos y separadas las unas de las otras de forma ordenada y cuadriculada, de manera que pueda controlarse desde cualquier punto del corredor la totalidad de las puertas. Hay, por otro lado, una alambrada que marca los límites del patio del colegio —«pautada rítmicamente por cámaras de seguridad» (2012: 129)—; el comedor se divide asimismo en distintas zonas y las letrinas tienen medias puertas, por lo que permiten observar si hay alguien en su interior. La disciplina es un dispositivo de control que coacciona con la mirada, y el colegio un recinto cuya distribución ha calculado las aberturas, las transparencias y los puntos ciegos en pos de una visibilidad que permita examinar la disposición de los sujetos. La vigilancia en el *colich* se ejerce a través de la disposición de los edificios, pero también de los ventanales que pespuntean habitaciones y pasillos.[1] Aquí la arquitectura no se diseña para ser observada, sino para observar, por eso escribe Bedragare en su diario al poco de llegar que «parece que todo el mundo controla bien lo que sucede [...]. ¿Estamos vigilados?» (2012: 174). La mirada, sea percibida o no, es un elemento central en el texto por cuanto vigila y coacciona, y porque, como en el diagrama panóptico, aquí el

---

[1] Uso *colich* porque así es como se refieren los personajes de la novela a la escuela.

poder se torna invisible en su ejercicio mientras impone visibilidad a aquellos sobre los que se ejerce, perpetuando su sumisión en la medida en que son —o creen serlo— constantemente observados.[2]

Por otro lado, «en el corazón de todos los sistemas disciplinarios funciona un pequeño mecanismo penal» (Foucault 2012*a*: 208), esto es, unas normas y unas formas de sanción de todo aquello que suponga una desviación. La aproximación al Wybrany como institución educativa ilumina el ejercicio del instrumento disciplinario de la sanción normalizadora, tal como se percibe una vez se desgranan las normas que imperan en el recinto. Las normas van, desde regulaciones de carácter burocrático (no admitir estudiantes repetidores, dividir al alumnado por sexo, etc.), hasta el reglamento de los estudiantes, a quienes, por ejemplo, solo les está permitida una salida al mes, tienen toque de queda, deben vestir uniforme y se les prohíbe comer chicle, abandonar sus cuartos por la noche o cruzar la alambrada. Las normas son numerosas, a pesar de lo cual «no imponemos la disciplina», asegura la subdirectora del colegio, sino que «son los chicos los que se la imponen a sí mismos» (2012: 21). En el Wybrany, leemos, «las personalidades se pulen, se tallan hasta hacerlas brillar [...]. Sabemos modelar a los mejores» (2012: 21). La imposición recíproca de la disciplina entre el alumnado, que duerme en habitaciones compartidas, no es baladí, pues faculta una

---

[2] La disposición espacial del colegio alude al proyecto arquitectónico y social de Jeremy Bentham llamado «Panóptico», la gran utopía carcelaria de la tecnología disciplinaria. Se trata de una estructura circular compuesta por series de celdas a contraluz con un centro ocupado por una torre de vigilancia con ventanales desde donde se ejercería un control anónimo e invisible, puesto que los vigilados, cegados por la luz, no alcanzarían a ver a su supuesto vigilante. El diagrama panóptico, sin embargo, no es solo aplicable a la prisión, sino que puede superponerse a cualquier otra estructura social que pretenda el gobierno de los cuerpos (Foucault, 2012: 199). Aquí, por tanto, el poder no es tanto una fuerza que ejerce un individuo sobre otro, sino más bien una fuerza independiente, desencializada e invisible que se sostiene a sí misma con el apoyo de un aparato arquitectónico que distribuye racionalmente unos cuerpos que reproducen inconscientemente su propio sometimiento.

vigilancia perpetua de los unos sobre los otros, porque el poder no se desarrolla solo verticalmente —lo veremos—, sino también horizontalmente.

Más cosas. El poder *à la* Foucault solo puede ejercerse en la medida en que el otro es libre, y en Wybrany, nos dice el texto, los «métodos educativos son liberales, se basan en la plena libertad» (2012: 20).[3] ¿Qué ocurre? Que esa libertad solo existe en la versión de la realidad producida y recorrida por el discurso oficial, contrapuesta a la realidad vivida por los personajes. La contraposición entre dimensión lingüística y realidad vivida estructura la novela de principio a fin, desplazándose mediante la palabra la represión. El College de la novela es un microuniverso regido por la vigilancia y el abuso derivado de relaciones de dominación del fuerte sobre el débil, donde las posibilidades de respuesta al ejercicio del poder del otro son mínimas y, sobre todo, peligrosas.

Se desprende del párrafo anterior que *Cuatro por cuatro* se articula sobre la dialéctica de contrarios, y en la misma línea podemos hablar de la dicotomía interior-exterior o escuela-mundo: en el interior hay calma, seguridad y orden, en tanto que en el exterior reinan el caos, el peligro y la turbación.[4] El discurso oficial, transmitido por la dirección del centro y reproducido, una vez interiorizado, por docentes y alumnado, engrandece las ventajas y los privilegios de vivir en el colegio, arbitrando la libertad y la seguridad en función de una noción de peligro manipulada para justificar las técnicas de vigilancia, control y gestión sobre los residentes. Pero esta justificación se da también del lado de los propios sujetos vigilados, ya que el sentimiento de inseguridad (sea real o inducido) les hace respaldar cualquiera de las medidas adoptadas. Los dispositivos de seguridad,

---

[3] Para el Byung-Chul Han de *Sobre el poder* (2016), cuanto más poderoso y estable es el poder, mayor es justamente la sensación de libertad que genera (69-70).

[4] De ahí las palabras del personaje de Celia acerca del exterior del colegio: «dicen que no es un lugar seguro. No se refieren a los animales ni al terreno salvaje, sino a la posible existencia de vagabundos, ladrones, terroristas: la gente con ganas de reventar el mundo que está proliferando en estos tiempos» (2012: 52).

por lo tanto, se ajustan a los sobrepesos de la libertad y el peligro mediante el ejercicio de la disciplina foucaultiana, garantizando el colegio la seguridad de todos sus residentes siempre y cuando se cumpla con la norma.

El poder de la norma y su trabajo de normalización son, entonces, fundamentales, y su imposición supone la activación de una sanción a cualquier desviación. La particularidad del poder disciplinario es, a fin de cuentas, la de ser correctivo. Por eso, en los sistemas disciplinarios, esa sanción se configura las más de las veces en la forma del castigo. No obstante, nos advierte Foucault de que en las escuelas «el maestro debe evitar, tanto como se pueda, usar castigos; por el contrario, debe tratar de hacer que las recompensas sean más frecuentes que las penas» (2012*a*: 210). El Wybrany rechaza las sanciones en favor de la mediación en los conflictos. Sin embargo, enseguida asoman las costuras de la estrategia, pues a cada infracción, en lugar del castigo, se cambian las reglas, convirtiéndose el sistema en un macabro juego de arenas movedizas. La maleabilidad de las reglas supone la reducción del marco de acción de los sujetos, pues cada desviación o pequeña infracción redunda en un desplazamiento que, manteniendo la anterior, añade una nueva norma. La disciplina funciona distribuyendo según el principio de lo permitido y de lo no permitido, de modo que elabora una división entre lo normal y lo anormal, y opera sobre los individuos para que se ajusten al modelo impuesto. En esta articulación, otra vez, dual, las conductas caen en el terreno del bien y del mal, calificándose a partir de valores positivos o negativos, algo que permite, al final, jerarquizar o clasificar a los sujetos comparando, normalizando y homogeneizando, pero también excluyendo, diferenciando y marginando al incapaz de amoldarse como corresponde.

La escuela es, además, un espacio susceptible de ser pensado como lugar de examen permanente, donde el estudiante es evaluado de forma ininterrumpida. El examen, si seguimos una vez más a Foucault, es un instrumento de poder disciplinario que, aunando verdad y saber, tiene la capacidad de individualizar, organizar, diferenciar y calificar al sujeto, proporcionado una visibilidad que facilita y perpetúa la vigilancia y también la posibilidad de la sanción (2012*a*: 215). Este instrumento opera como régimen de verdad, y es sobre la base de la asimetría entre el conocimiento del profesor y del alumnado donde la relación se establece de manera desigual, al permitírsele al primero el ejercicio del poder de la evaluación en el aula. Esta evaluación deja tras de sí todo un archivo, un registro que torna al sujeto objeto analizable y descriptible, a la vez que configura, por acumulación, un sistema comparativo que define características grupales que subrayan, a su vez, las desviaciones. En la novela de Mesa hay dos detalles que nos permiten pensar la articulación de una suerte de «poder de escritura» similar al ejercido por este instrumento del examen.[5] El primero es el cuaderno particular que posee cada profesor en el colegio, en el que se amontonan anotaciones que recogen, según leemos, «pormenores sobre ejercicios hechos o sin hacer, trabajos entregados, notas de exámenes, perspectivas, problemas, nimiedades del estilo "no hizo la tarea ayer", "necesita reforzar la ortografía", "puede ir más lejos"» (2012: 114). El segundo, las redacciones que el profesor Bedragare obliga a escribir durante sus clases. Estos ejercicios de escritura suponen la creación de un campo archivístico que objetiva al estudiante y que abre la posibilidad a la comparación, fruto de la cual algunos individuos son particularizados en función de los rasgos de su personalidad volcados en los textos. Así, es a partir de la lectura hermenéutica de las composiciones del alumnado como sale a la luz, por ejemplo, la promiscuidad de niñas como Irene o la frialdad y la violencia de Ignacio. La documentación escrita proporciona un saber, y es en ese saber en el que, para Foucault, hay también inscritos efectos de poder.

La convergencia del colegio como recinto arquitectónico (con su distribución, sus espejos, su apertura y su división en zonas) y como institución educativa (con sus normas y reglamento interno)

---

[5] Volveremos a este poder de la escritura en el capítulo 5, el dedicado a *Cara de pan*, cuando nos detengamos en el diario que escribe Casi.

configura un espacio dentro del cual los sujetos tienen una capacidad de acción y de movimiento acorde, en primer lugar, al escalafón social que ocupan, y, en segundo lugar, a la posición que ostentan dentro de ese mismo escalafón, porque en el Wybrany el poder no solo se ejerce de arriba abajo, sino también de manera horizontal, como ya he adelantado. El internado es, entonces, una maquinaria que funciona con autonomía, sin necesidad de una mano que gire la manivela o de un soberano que observe desde lo alto de una torre, pues son los propios residentes los que garantizan la reproducción de su propia dominación. Al fin y al cabo, y como arguye Foucault, «el hecho de ser visto sin cesar, de poder ser visto constantemente, es lo que mantiene sometido al individuo disciplinario» (2012*a*: 218).

LOS PROCESOS DE INSTITUCIONALIZACIÓN

La homogeneidad que pretende con sus prácticas el colegio de *Cuatro por cuatro* es la uniformidad de un rebaño manejable e influenciable, una masa normalizada en la que cualquier desviación de la norma es concebida como resistencia o enfrentamiento. Las y los docentes se encuentran, así, ante chicas y chicos que «esperan órdenes con la resignación propia de ganado, pero de ganado bien criado, satisfecho [...]. Uno habla y ellos escuchan. Uno ordena y ellos obedecen» (2012: 116). Pero en el Wybrany no importa solo esa obediencia más visible y general. Importan también los gestos, la forma de mirar, de comer, de interactuar: el control minucioso, hasta la naturalización, de los cuerpos, por eso «todos asienten y se levantan por turnos» y «cada actuación parece estar absolutamente reglada con pasos tan precisos que es imposible que un recién llegado acierte» (2012: 119). Y es que el poder que circula intramuros no actúa sobre los sujetos que han cometido una infracción, sino sobre quienes pueden hacerlo (individuos virtualmente censurables). La autonomía de la maquinaria de poder que es el College se cierra, a la par que reafirma, con las palabras de Bedragare al profesor que, hacia el final de la novela, llega al centro para sustituir una ausencia, pero también con la transformación de personajes como Ignacio, quien halla la fórmula para la supervivencia en la conversión de dominado en dominador.

La lógica disciplinadora del colegio promueve la inserción del individuo en el grupo y ve con recelo el aislamiento —«el aislamiento en el tiempo libre no es beneficioso» (2012: 20), dicta el discurso oficial—, puesto que el despliegue de técnicas de control es más eficaz cuanto más numeroso es el conjunto sometido. En el microuniverso de Mesa, la soledad se entiende como desviación y como peligro: supone la existencia de una diferencia que puede ser contagiosa. El miedo al contagio es el miedo a la des-integración del conjunto, lo cual, de darse, dificultaría el ejercicio de control sobre los cuerpos.[6] Aquí las singularidades se borran en favor de la homogeneización de cuerpos y mentes, y los discursos actúan legitimando esas mismas operaciones.

La proyección e interpretación del orden social del College en términos de armonía, libertad e integración, y la ocultación de los procesos de sujeción que esa proyección implica se dan gracias a la actuación de un elemento central que la novela pone sobre la mesa desde las primeras páginas y al que he aludido antes: el discurso. El discurso es, en efecto, una forma más de normalización de los cuerpos, porque los atraviesa y, en su perforación, los conforma (los fija a la norma). La preocupación por el poder del discurso (o por la cuestión del lenguaje) traspasa la producción literaria de Mesa, y esta obra no es una excepción, antes al contrario, puesto que el microuniverso de *Cuatro por cuatro* no se yergue sino sobre el discurso, lo cual viene a mostrar justamente cómo los discursos contribuyen a la construcción de la realidad.

El internado está regido por una impostura que afecta a los canales de comunicación, dificultando el entendimiento entre quienes no comparten el código. En el *colich* parecen decirse cosas

---

[6] Volveremos a esto después, en el capítulo 5, con *Cara de pan*, un relato donde el aparato escolar opera asimismo como mecanismo de normalización de conductas.

sin nombrarse y nombrarse cosas sin decirse. El discurso, producido por medio de enunciados, es para Foucault un mecanismo de poder que, más allá de coaccionar (que también), aspira a implantar una visión determinada de la realidad que permita recorrerla y dominarla (2004: 17). El discurso determina lo que es justo e injusto, lo que es normal y anormal, lo que es cierto y lo que es falso. Es decir, conforma un mundo y unas reglas. En la novela, el suicidio del personaje de Celia, por ejemplo, demanda del director un ejercicio lingüístico de dominación no exento de coerción: a todos aquellos profesores y trabajadores que saben la verdad de lo sucedido «los convocó a una reunión en la que quedó bien clara la amenaza» (2012: 215). El poder del discurso supone la imposición de una determinada visión de la realidad cuya perpetuación queda en manos de los propios sujetos, unos sujetos a los que no les queda más remedio que reproducirla. De esta manera funciona el Wybrany cuando se producen acontecimientos que desafían con revertir el movimiento de fuerzas, y quienes traten de interceder para contrarrestar esas fuerzas están condenados a perecer, como ocurre con los profesores Ledesma y García Medrano. El discurso se acepta, se interioriza y se reproduce, y es esa reproducción la que garantiza la perpetuación del microsistema.

Pero en esta novela igual de importante es la palabra que su opuesto, el silencio. Escribía Edurne Portela en su ensayo *El eco de los disparos* (2016) que, «si el silencio niega la articulación y proyección del conocimiento, decir algo en voz alta, hablarlo, significa reconocer su existencia» (69). En esta misma dirección va María-Luisa Achino-Loeb cuando sostiene que el silencio «funciona precisamente porque nos permite creer que lo no dicho es inexistente. Sin embargo, […] lo no dicho no desaparece, sino que se glosa de manera diferente» (2006: 11).[7] El silencio funciona en *Cuatro por*

---

[7] «Silence […] works precisely because it allows us to believe that the unspoken is nonexistent. Yet […], the unspoken does not disappear, rather it is glossed differently».

cuatro como estrategia de ocultación, pero también como modo de vida adquirido por los residentes del colegio, porque allí, «las cosas, mientras no vayan acompañadas de palabras que las definan, no existen ni son peligrosas para nadie» (2012: 218), y, por tanto, no hacen peligrar al sistema. La imposición de silencio por parte de los dirigentes del colegio y del que participan, de una forma u otra, todos los personajes del relato, se acepta porque se obtiene algo a cambio (empezando por la tranquilidad de quien se escuda en cumplir órdenes). Sin embargo, el silencio supone también indiferencia, una indiferencia que transforma al sujeto: primero en testigo, después en cómplice.[8]

LA POSICIÓN EN EL TABLERO DE JUEGO

El poder foucaultiano no es algo que se tiene, sino algo que se ejerce, que existe solo en acto, así que solo es posible en la forma en que unos lo ejercen sobre otros (1988: 14). Las relaciones de poder son, por su lado, relaciones de gobierno o de gubernamentalidad, relaciones en las que un sujeto (o grupo de sujetos) trata de actuar sobre otro sujeto (o grupo de sujetos) mediante la conducción de su(s) conducta(s). Aproximarse a la realidad social con las lentes de Foucault implica, pues, entenderla como campo atravesado por microluchas de poder. Pero, cuidado, porque no hay un poder, sino tantos poderes como relaciones de fuerzas, tantas formas de dominación como enfrentamientos singulares. A ojos de Foucault, lo social es «suelo movedizo», terreno horadado por infinitas relaciones que funcionan como base para el ejercicio del «gran poder soberano», que solo existe en tanto lo hacen también las relaciones de poder en el nivel más llano o atómico de lo social (1992: 167). El poder es vertical y horizontal, es decir que no solo se ejerce de una clase a otra, sino también dentro de una misma clase. Esta es, al

---

[8] Recomiendo el artículo de Beatriz Calvo Martín (2018) para profundizar en el estudio del silencio en la novela.

fin, la microfísica del poder foucaultiana, que estudia las relaciones de fuerza localizadas en los ámbitos más privados, o escondidos, de una formación histórica dada.

He señalado antes que el colegio internado de *Cuatro por cuatro* separa el alumnado por sexo y clase social: de un lado, los estudiantes «Normales»; del otro, los «Especiales» o becados. La exención de pago de estos últimos es en realidad ficticia, pues sus padres abonan con su trabajo de cocina, limpieza, seguridad, jardinería o transporte como mínimo el equivalente al importe de la supuesta educación privilegiada que reciben sus hijos. Como si del poder pastoral de Foucault se tratara —un poder que cuida y controla puntillosamente al rebaño tras suministrarle lo necesario para su subsistencia—, el Wybrany salva de la precariedad a progenitores y a su descendencia a cambio de una explotación y de un sometimiento que cubre con trabajo para unos y educación para los otros, cuando lo que realmente produce el intercambio es una doble sujeción de parte de los implicados: padres dóciles en su trabajo para que sus hijos estudien, hijos dóciles que callan para proteger el puesto de trabajo de sus padres.[9] La solidaridad del colegio es falsa, pues se configura en realidad como relación duradera de dominación del necesitado.

El colegio, como he apuntado más arriba, se erige como espacio de protección frente al exterior: dentro de sus muros hay comida, cama, trabajo, educación y seguridad, y, como sostiene una alumna, claro, «cuanto mejor se está dentro, es mayor la inquietud de salir» (2012: 53). De acuerdo con el discurso oficial —con la filosofía del colegio—, los estudiantes becados son salvados de un exterior de «abusos, agresiones, drogadicción [y] alcoholismo» (2012: 224). El beneficio es, según el College, para las dos partes y, en todo caso,

---

[9] El poder pastoral es «un poder de cuidados. Cuida del rebaño, cuida a los individuos del rebaño, vela por que las ovejas no sufran, va a buscar a las extraviadas, cuida a las heridas» (Foucault, 2006: 155). Es, además, una forma de gubernamentalidad que, para ejercerse con éxito, necesita que los integrantes de ese rebaño hablen, se confiesen al pastor y revelen sus secretos (1988: 9).

equitativa; sin embargo, el contrato encierra, como decía, el establecimiento de una relación duradera de dominación en la que el trabajador es atrapado en una perpetua e intransferible condición de sometimiento, ya que su situación de desempleo lo deja a merced de la explotación de la clase dirigente. Y es precisamente la necesidad la que empuja a estos sujetos a aceptar las dinámicas que imperan en el colegio. En una situación hasta cierto punto similar se encuentran los miembros del profesorado. Fijémonos en lo que le dice un compañero al profesor recién llegado en la segunda mitad de la novela: «Somos afortunados, Bedragare. Cuanto más mediocre es uno, cuanto más hundido está en el hoyo, más agradecido tiene que estar de que lo rescaten. Nuestro destino natural sería miserable. Y sin embargo aquí estamos, desayunando en un *colich* de lujo» (2012: 149). Los términos puestos en juego guardan relación evidente con los anteriores y, si es la necesidad la que empuja a los trabajadores a aceptar la vida en el colegio, la comodidad es lo que lleva al profesorado a hacer lo mismo («aquí todo es más sencillo para mí», continúa el mismo compañero, «cuando me convocan a una reunión finjo ser serio, manejo papeles. Es lo único que se me exige para seguir rodando» [2012: 149]). Al fin y al cabo, «el Wybrany prefiere contratar personal secundario, dependiente, desnivelado, imperfecto» (2012: 142), es decir, como los estudiantes: fáciles, anestesiados, dóciles.

La política de integración que practica el colegio está clara. No obstante, el relato le da una vuelta de tuerca al añadirle una capa más: el comercio con niñas y niños. En el colegio, dirigentes y profesores tienen a su disposición adolescentes que la institución *ha salvado* de la precariedad. La mayoría de ellos no tienen relación directa con el colegio; otros, empero, sí fueron en algún momento becados del centro, aunque terminaron siendo expulsados, «incapaces de adaptarse al excelente ritmo de l[o]s otr[o]s» (2012: 192). La prostitución se tiñe de transacción, como ocurre con buena parte de las relaciones de dominación en el texto. Por eso el director arguye que se trata solo de «un intercambio, un comercio sano, higiénico, en el que ambas partes salen beneficiadas» (2012: 192). La mercantilización del abuso no solo eufemiza lo que es un claro ejercicio de dominación y exceso, sino que, además, permite al dominador reemplazar el comercio de cuerpos por la preocupación por los niños y su cuidado. Así es como funciona el colegio o así es como funcionan sus cloacas, que es lo mismo, y esta es la relación que estructura el tejido social del interior de la alambrada.[10]

Pero vayamos al detalle, a las relaciones más capilares de ese conjunto social hermético que es el College. Como sabemos, la opresión y el sometimiento de sus residentes nacen de la conformación de una estructura que funciona anclando a los sujetos a la posición concreta que les corresponde en función de su procedencia, una posición que es a su vez la marca que los vincula a cierto eslabón social y que determina las condiciones de posibilidad de sus actos. Uno de los personajes principales del texto es Celia (15 años), una niña que vive su encierro en el colegio como un exilio. Su voluntad de regresar al hogar materno la hacen planificar y ejecutar la fuga con la que arranca el relato, infracción que *se castiga* con la vigilancia estrecha del orientador del centro, apodado *el Guía*. De la aproximación de estos dos personajes surge una de las relaciones más relevantes del texto, una relación o enfrentamiento de fuerzas que adopta rápidamente la forma del abuso. La conversación entre Celia y el Guía comienza con la práctica del sistema de gratificación-sanción: una gratificación representada por tres elementos, dos materiales (un pisapapeles y un gato) y uno simbólico (la promesa de una visita secreta a la madre). La sanción se materializada en vigilancia. La táctica que mediante los regalos lleva a cabo el adulto es obvia: toda retribución espera una recompensa.[11] Esta recompensa, que comienza a conformarse

---

[10] Calvo Martín realiza un acertado análisis de la importancia de los intercambios en esta novela, resumible en lo que ella denomina la «economía de las transacciones» (2018: 334), un elemento nuclear de cara a la comprensión del funcionamiento interno del colegio.

[11] Para Bourdieu, como hemos visto en el capítulo primero cuando hablábamos de la relación entre Silvia y Seisdedos, ofrecer y dar es una forma de posesión, una manera de sujetar a través de la ocultación del acto de generosidad que permite obtener beneficios simbólicos, eventualmente convertidos, claro, en poder.

una vez realizada la primera visita a la madre de la niña, configura la naturaleza transaccional de la relación entre ambos: a cambio de las visitas, Celia cede a los antojos sexuales del adulto. Corrompida física y psicológicamente, atrapada y consciente de que nadie en el colegio la va a creer ni mucho menos proteger —pertenece al grupo de los «Especiales»—, la desesperación aumenta, y es entonces cuando Celia «le habla a la Poquita de desaparecer, de hacerlo a pesar del miedo el dolor y las dudas» (2012: 100). Tal vez como único acto de disposición del propio cuerpo y única forma de resistencia, la niña se suicida —«la chica se cortó las venas en los servicios un día antes del inicio de curso» (2012: 198), confiesa Ledesma a Bedragare tiempo después—. Sin embargo, el suceso no solo es transformado por el discurso oficial, según el cual la niña ha sido expulsada, sino que los papeles de víctima y de verdugo se trastocan. Así, leemos que «el subdire habló de extorsión, de chantaje: esas fueron sus palabras. La chica lo había manipulado desde el principio para conseguir a cambio ciertos favores y… la cosa terminó yéndose de las manos» (2012: 197).

El caso de Celia no es excepcional. Al contrario, los ejemplos se multiplican conforme avanza la lectura en un esfuerzo de la autora por subrayar el funcionamiento de un sistema basado en las relaciones de dominación del fuerte sobre el débil. Y las relaciones de este tipo no se desarrollan solo entre adultos y estudiantes; tampoco se da la manipulación del discurso únicamente por parte de los dirigentes de la escuela. En el microcosmos de la novela, la dominación permea todas y cada una de las relaciones que se establecen, haciéndose riguroso uso del precepto foucaultiano según el cual el poder atraviesa en múltiples direcciones la totalidad del tejido social. Es decir que las luchas de poder en el College no se dan solo de forma vertical (entre sujetos de diferente clase), sino también horizontalmente, entre individuos pertenecientes al mismo grupo social, en continuo enfrentamiento por conservar su estatus.

El Wybrany es un lugar jerarquizado: está habitado por sujetos que ocupan un lugar específico en su estructura y en función de la cual se relacionan socialmente. En la cúspide de la pirámide de poder del mundo adulto están los dirigentes de la escuela, seguidos de los profesores y, finalmente, de los trabajadores. En la de los niños, los «Normales» arriba y los «Especiales» abajo. De nuevo, dos tipos de dominación: la vertical y la horizontal, aunque el enfrentamiento no siempre es el de clase, sino que, a veces, es simplemente el cumplimiento de la ley del más fuerte. Ejemplos paradigmáticos de este último tipo son la relación de sumisión que mantienen el director y la subdirectora en la primera parte del relato, basada en la humillación física y verbal de la mujer (intersección de género), y la división, apenas perceptible, del grupo de los profesores entre aquellos que participan del comercio de cuerpos (los de arriba) y los que no lo hacen (los de abajo). A Ignacio, por otro lado, alumno del grupo de los «Normales», lo golpean, sin descanso, todos y cada uno de los días. También «le escupen en la cara, le roban la comida, los útiles de clase, el dinero. Le quitan las sábanas y las mantas y se pasa la noche acurrucado y temblando sobre el colchón pelado» (2012: 50). Sabedor de sus carencias —los privilegios de la heterosexualidad y de la fortaleza física—, Ignacio acepta las agresiones porque las concibe como peaje por residir en el *colich*. Es, al fin y al cabo, su normalidad. En todo caso, él sabe, como Celia, que de poco o de nada le serviría hablar. La llegada de un nuevo estudiante trastoca la situación, porque «el Nuevo tiene porte de líder y hay que ganárselo» (2012: 72). ¿Cómo? Estableciendo con él una relación de tipo comercial no muy alejada de ese poder de cuidados que es el poder pastoral de Foucault. Entre ellos se establece una relación de términos muy claros: deberes, exámenes y felaciones a cambio de la protección del más fuerte. Pero con el tiempo las aguas vuelven a su cauce e Ignacio pierde el privilegio. Es entonces cuando «por primera vez en mucho tiempo comienza a sentir ira» (2012: 86), una ira que termina produciendo la inversión de los papeles: el dominado se convierte en dominador, el poder pasa de padecerse a ejercerse y la relación de fuerzas se redirecciona, irguiéndose Ignacio como figura «de autoridad incontestable en el grupo» (2012: 135), al que somete como antaño fue sometido él, reproduciéndose la lógica de dominación que rige en el colegio. No quiero insistir, pero en una situación similar a la del primer Ignacio se encuentra otra alumna, Valen, compañera de Celia del grupo de los «Especiales» e hija de una limpiadora. Su incipiente obesidad y los continuos viajes al retrete para expulsar la comida son motivo de burla. Comer es, para Valen, el salvoconducto que calma la ansiedad de la vida en la escuela, y la bulimia su peaje particular a cambio de una educación privilegiada. Una educación que, como el lector descubre al final, a pesar de haberle prometido un futuro distinto, la devuelve a la precariedad de la que procede, donde, «hinchada y amarillenta», sobrevive sumida en «un sufrimiento sórdido y una profunda indiferencia hacia todo» (2012: 249). Pero Valen no es más que otro de los resultados posibles para quienes no perecen en el Wybrany: un sujeto hastiado e indolente, capaz de soportar con resignación las condiciones asociadas a su posición en el tablero.

El profesor sustituto y Gabriela, la madre de Valen, inician una relación sexoafectiva en la que se percibe cierto sometimiento derivado de la interiorización de la jerarquía: «Ella se entrega con sumisión. Eso me incomoda, porque sospecho que no es sumisión hacia mí, sino hacia lo que ella cree que represento: la autoridad, el rango» (2012: 213). El poder es muchas veces difuso, pero siempre está ahí, y el trato condescendiente de Bedragare es muestra de ello. Porque nadie en el colegio se abstiene de hacer uso de aquello que su posición le otorga, y por eso no es casual que la incomodidad de Bedragare ante la actitud sumisa de Gabriela se ponga en entredicho continuamente: ella actúa con sumisión, sí, pero él ejerce su superioridad de distintas maneras, bien sea presionando a la mujer para conseguir información, bien sea desde la mera asunción del reparto de roles o responsabilidades: tumbado en la cama, ella «está limpiando un poco y yo la miro trabajar» (2012: 231). Y es que, si los profesores son los de abajo, las Gabrielas son el último eslabón, sombras que se deslizan por el colegio haciendo su trabajo con la mirada gacha de quien, resignado, se sabe doblemente siervo.

Bedragare llega al colegio en un momento posterior al suicidio de Celia y a la transformación de Ignacio. Proveniente del exterior, el personaje se mueve desde el inicio en la extrañeza. Se siente desplazado en una comunidad desconocida y claustrofóbica donde el lenguaje velado y la incomprensión de los códigos dificulta la comunicación y, por ende, la adaptación. El desvelamiento de la realidad del centro ocurre lenta y fragmentariamente, como lenta y fragmentariamente se nos va mostrando a quienes leemos. El hermetismo, la sordidez y la paulatina comprensión de los secretos que esconde el colegio incrementan el malestar del nuevo profesor (y también el nuestro), quien, tras somatizar la sujeción a los engranajes que mantienen operativa la estructura, deja su puesto al final del relato.[12] Pero el Bedragare que huye del colegio no es el Bedragare que inicia el diario, por supuesto. El tiempo bajo la opresión, la vigilancia y la corrupción del Wybrany ha resultado en la disolución o, cuando menos, la quiebra de su subjetividad. Prestar atención a la evolución del personaje es en este sentido elemental, porque es muestra de su recorrido hasta el hundimiento, un recorrido que avanza conforme el hombre va accediendo a la verdad del colegio. «Me rompieron a mí», escribe el personaje; «creo por tanto en la imposibilidad de ser reconstruido» (2012: 237). Pienso en la ruptura o descomposición de la subjetividad de Bedragare como reflejo del carácter fragmentario del discurso al que se ha visto expuesto, así como de la disposición textual de la escritura del diario. En esta línea, podría argüirse cierta correspondencia entre el acceso fraccionado del personaje a la realidad y el gradual resquebrajamiento de su psique, que termina haciendo de Bedragare un *otro* aniquilado por el sistema.

Los casos de Celia, Ignacio, Valen y Bedragare son solamente cuatro ejemplos del tipo de relaciones que se establecen en el colegio y de las consecuencias que esas relaciones tienen para los sujetos. También la lascivia del profesor Martínez, partícipe del comercio de niños, la sordidez de Sacra, la resignación de Gabriela, el suicidio de

---

[12] Síntomas del paulatino derrumbamiento del personaje son su pérdida repentina de visión y la fiebre que, ya avanzada la novela, lo deja en cama varios días. Los dos episodios de locura que protagoniza en la parte final de libro permiten hablar ya de un Bedragare destruido.

García Medrano o las niñas y los niños a disposición de la escuela —aunque no tanto ellos, sino la degradación de quienes participan de su explotación y de quienes callando lo permiten— son resultado de la vida en un espacio atravesado y configurado por unas relaciones de poder donde el margen de maniobra es reducido: o aceptar las reglas o callar. El efecto de cualquiera de esas dos opciones es el mismo: la perpetuación o reproducción del microsistema.

Termina con estas palabras mi reflexión sobre *Cuatro por cuatro*, una novela de fuerte potencia simbólica y múltiples interpretaciones, pero en la que sobresalen, a pesar de los estratos que la articulan, la representación de distintos mecanismos de poder en comunidades cerradas, las desigualdades sociales y la incomunicación endémica fruto de la preocupación por los vacíos —y posibilidades— del lenguaje. Es esta una novela compleja tanto en su contenido como en su forma, un texto en el que la concisión, la ambigüedad y el manejo de la elipsis se han asentado ya, conformando las claves estilísticas de la autora, y cuya suerte de reelaboración creo encontrar en *La familia*, un relato, de nuevo, de fuerte complejidad y en el que, a grandes rasgos, podríamos decir que el aparato familiar sustituye al escolar, relegándose, claro, el carácter alegórico de la primera etapa de la producción saramesiana en favor de ese realismo extrañado de la segunda.

Capítulo 4
Casi podría entenderse
como un trueque

(Cicatriz)

Cicatriz (2015) es uno de los textos más celebrados de Mesa. Ganó el Premio El Ojo Crítico de Narrativa de 2015 y fue elegido como uno de los mejores libros del año por periódicos como *El País*, *La Vanguardia* o *ABC*. Es, además, una obra importante porque marca un punto de inflexión en su producción: la novela abre las puertas a propuestas literarias más próximas a códigos realistas y de mayor concisión. Una concisión, huelga decir, que nada tiene que ver con simplificación. Al contrario, los relatos ganan desde entonces en complejidad y profundidad. *Cicatriz* es una buena muestra de ello.

Entramos, con este relato, en un mundo narrativo todavía más reducido que los tres anteriores para sumergimos, de lleno, en la psicología del sujeto moderno a través de los dos personajes protagonistas y su una relación a distancia. Son Sonia y Knut, separados por seiscientos kilómetros. Dos personajes que se conocen a través de un foro literario en Internet y que apenas se verán físicamente un par de veces a lo largo de la historia. El texto, en el que acción y exteriores desaparecen en favor de una introspección con focalización en el sujeto femenino, transita por un terreno difícilmente comprensible sin atender al papel que juegan la transacción, la culpa o la sumisión en la relación entre ambos.

Esta cuarta novela se divide en quince capítulos de extensión variable, correspondientes a momentos temporales diferentes. El primero, que lleva por título el de la novela, nos coloca ante una situación extraña protagonizada por dos individuos de sexo opuesto. El inicio *in medias res* es central, pues, como arguye Ángeles Encinar, en él está ya presente «la dinámica de dominio y sumisión imperante en el texto» (2016: 21); una dinámica apreciable en el escaso pero sustancioso diálogo que mantienen los dos individuos en la azotea de un edificio: «*¿Por debajo llevas también algo… mío?*» (Mesa, 2015: 11), pregunta Knut.[1] El posesivo, claro, no es baladí. Pero esto es solo el principio. Pienso que la complejidad de la novela reside en la complejidad de la relación que establecen sus protagonistas, y atender a esa complejidad pasa por reparar en el vínculo que los une. ¿Cuál es ese vínculo? Lo desgranaremos a lo largo de las siguientes páginas, pero podemos adelantar que se funda en la práctica del intercambio. Que sea esa, la técnica del intercambio, la primera de las ejercidas por el sujeto masculino para el gobierno del otro responde tanto a la idiosincrasia y visión del mundo del personaje como a su forma de vida. Pero tiempo al tiempo.

EL PODER DEL INTERCAMBIO

En el primer capítulo, definíamos lo que Bourdieu llama *poder simbólico* como un poder invisible que se ejerce con la complicidad, consciente o no, del otro. En esta novela, ese poder invisible va tornándose paulatinamente visible a medida que avanzamos en la lectura y la relación afectiva se estrecha. Sin embargo, la dicotomía dominador-dominado no es siempre transparente: es, más bien, gradual, como bien nos enseña Foucault (las relaciones de poder son irregulares, heterogéneas y reversibles). Por eso la novela juega en ocasiones a emborronar los límites que separan ambos polos (o a

---

[1] La novela mezcla la narración homodiegética con focalización en el sujeto femenino con pasajes que, en cursiva, plasman las palabras literales de los personajes (escritas o habladas), sobre todo las de Knut.

acercarlos), y a veces nos parece Knut el dominador, y otras intuimos que es Sonia quien tira con más fuerza de la cuerda.

Knut es quien establece los términos de su vínculo con Sonia, igual que lo hace el Guía con Celia, la alumna del *colich* en la novela anterior. Ya en su primer contacto a través del foro literario quedan enunciados esos términos: «En el mensaje no da ninguna explicación a su propuesta», leemos; se trata de «un intercambio, dice. *Tú me envías una foto para que pueda verte. Yo a cambio te envío los libros que me pidas*» (2015: 20). La proposición está hecha y ella acepta. El contrato está firmado y el engranaje comienza a funcionar. Para Bourdieu, los agentes que participan en un intercambio pueden ser más o menos iguales; el ejemplo límite del último caso (la desigualdad total) es lo que se conoce como *potlatch*, ceremonia de regalos que «instituye unas relaciones duraderas de dominación simbólica» (Bourdieu, 1997: 169). La desigualdad entre los agentes de *Cicatriz* se asienta en varios elementos.[2] El primero es el valor económico de los elementos sujetos a intercambio, motivo por el cual Knut «no les quita las etiquetas del precio a los libros, para que ella pueda hacer cálculos» (2015: 27). Es, en efecto, el precio de los objetos y no su valor simbólico el que determina, en primer lugar, la desigualdad entre los firmantes, y, si esto es así, es debido a la lógica económica que rige el sistema dentro del que ambos se insertan. Este reparto de papeles puede quedar, a ojos de quien lee, difuminado en las primeras páginas; no ocurre así conforme avanza la historia y el efecto de dominación que ejercen los objetos regalados se hace evidente, cuando Knut siga enviando grandes cantidades de libros a cambio de los cuales *solo* exigirá que Sonia mantenga el contacto por correo electrónico con él: «Continúan escribiéndose. Pero Knut no quiere más fotos, o al menos no las pide. Knut

---

[2] Lo veremos, pero, entre ellos, sobresalen el valor económico de los objetos en canje, aunque también el saber (poder simbólico) cifrado en los libros, la escritura y el robo.

solo quiere saber sobre ella, hablar con ella» (2015: 24). Pero en el solo querer saber sobre ella y hablar con ella hay un mundo, como bien intuimos.

El poder actúa determinando (reduciendo) la libertad del otro a través del control de su cuerpo y/o de su psique (voluntad). A diferencia de *Cuatro por cuatro*, aquí el poder disciplinario —con su sociedad disciplinaria y su vigilancia sistemática— se diluye y pasan a un primer plano técnicas de control y modelamiento de la subjetividad, o lo que Foucault denomina tecnologías del yo.[3] Exprimiendo al extremo, puede decirse que esas tecnologías del yo tienen dos vertientes, una positiva y otra negativa. Desde la primera, se entienden como instrumento a disposición del individuo para la creación de su propia subjetividad; desde la segunda, son un mecanismo o aparato del Estado que tiene por objeto controlar y conformar esa subjetividad. Dos caras de una misma moneda que no pueden sorprendernos, pues, al fin y al cabo —recordemos—, el poder de Foucault es también herramienta de resistencia en la medida en que contiene en sí mismo la posibilidad de la contra-conducta (la subversión de las fuerzas, la oposición).

Las transacciones entre Knut y Sonia varían poco tiempo después de iniciarse su relación epistolar y, un día, él añade a su lote de libros un disco. Más adelante, incluye un perfume. Unos días después, un par de zapatos. Otros, prendas de lencería de lujo. El aumento del valor económico de los envíos redunda, claro, en el aumento de los efectos de dominación, resultado de la conversión en capital simbólico (que es poder) del reconocimiento que recoge quien otorga del intercambio y de la deuda que recae sobre quien recibe. A ello se añade el riesgo que conlleva robar esos objetos, que suma valor simbólico (efectos de poder) al acto realizado. Sin embargo, de acuerdo con Bourdieu, la alteración (aumento) en el efecto de dominación solo funciona si el sujeto dominado está atado, y para atarlo «hay que hechizar la relación de dominación y de explotación de manera que se

---

[3] El análisis de la novela de David Becerra Mayor (2024) va por este camino.

transforme en una relación doméstica de familiaridad mediante una serie continua de actos adecuados para transfigurarla simbólicamente eufemizándola» (1997: 171). La transfiguración simbólica mediante la eufemización implica una metamorfosis simbólica de la relación de dominación a través de esa 'manifestación suave o decorosa de ideas cuya recta y franca expresión sería dura o malsonante', que es la definición que da el DRAE del término *eufemismo*. Esta transfiguración la lleva a cabo Knut en repetidas ocasiones. En los inicios de la novela, por ejemplo, el joven le envía a Sonia un mensaje que reza lo siguiente: «*Piensa en la felicidad que te supone abrir un paquete y encontrar en él, no sé, diez, quince libros para ti que ni siquiera esperabas. Pues eso no es nada, absolutamente nada, comparado con el placer que yo siento al enviártelos*» (2015: 27). Knut disfraza la relación de dominación —el placer del acto desinteresado de regalar— con el objetivo de asentar una relación duradera de sujeción basada en colocar a quien más recibe (Sonia) en situación de perpetuo sometimiento (culpa, deuda), incapaz de devolver el valor de lo recibido. El «*te lo he dado todo durante tres años, ¿y ahora me despachas así, como si nada?*» (2015: 41) que ocurre un tiempo después no es sino, en este sentido, la exteriorización verbal de esa sujeción.

Los beneficios simbólicos que recibe quien ofrece y da van acumulándose por la culpa y la deuda, los dos elementos de sujeción del intercambio. Por eso —leemos— «ella se siente obligada a responder aunque sea con dos o tres líneas. Alguna vez se inventa excusas para no escribirle con más detenimiento [...], pero, aunque él no la presiona, siempre persiste la impresión de que queda una deuda por saldar» (2015: 33). ¿Puede expiarse esa deuda? ¿Hay posibilidad de desprenderse de la culpabilidad? No, el contrato es infinito o circular, puesto que si hay modo de que deuda y culpa disminuyan es solo reproduciendo los términos de la relación establecida, esto es, manteniendo el contacto, sometiéndose a las exigencias.

Este es el marco: el trueque como estrategia primera y predominante de sujeción en la novela. Vayamos ahora un poco más al fondo, desmenuzando las técnicas en función de las que se configura la jerarquía que marca la relación entre los protagonistas.

OTRAS FORMAS DE DOMINACIÓN

La firma del contrato entre los agentes Knut y Sonia instaura una relación de poder basada en el intercambio, un intercambio cuyos términos y objetos en canje despliega otras formas de dominación, toda ellas encaminadas a la anulación del *yo* bajo dominio.[4] En la escritura de correos electrónicos y en los libros, la ropa y el perfume regalados anidan técnicas de gubernamentalidad concretas. Emma Chenna se hace eco de esta cuestión y sostiene, por ejemplo, que hay en Knut una voluntad de apropiación del cuerpo de Sonia, motivo por el cual aparecen las prendas de vestir en los paquetes; pero no solo eso, sino que «al elegir su ropa como si fuera una muñeca encargada de reflejar sus fantasías, Knut le quita a Sonia su estatuto de individuo capaz de expresar opiniones propias» (Chenna, 2024: 121). Las cuerdas que sujetan a Sonia se aprietan con cada lote de regalos, por eso el envío de medias, zapatos, blusas y lencería está lejos de ser inocente (nada lo es en el intercambio, si seguimos a Bourdieu). Knut desea cercenar el albedrío de Sonia, negarle su individualidad hasta hacer de ella un títere o una maniquí a su servicio.[5] La concibe, en definitiva, como una suerte de juguete a la que vestir y observar; un producto estético. Sonia es su creación:

> El paquete incluirá también otros zapatos de Armani, le anuncia Knut, esta vez de color crema, tacón medio, tipo mocasín, 178 euros. *Éstos sí puedes ponértelos a diario*, le dice. *Me encantaría que te trajeras la falda y estos zapatos, con unas medias finas y transparentes.* ¿Medias en verano?, le dice ella. Claro, por qué no. A él le gustaría que se

---

[4] Entiendo el *yo* aquí como subjetividad *libre* de expresión y actuación (con todas las contradicciones del mundo, pues me refiero a la única libertad posible, que es la capitalista).

[5] Reparemos en la imagen de la portada de la novela: un maniquí femenino, precisamente, con vestido y cinturón, sentado e impertérrito (mirada perdida), protagonista de una suerte de escaparate de comercio de moda.

vistiese siempre como una señora. Que fuese al trabajo con traje de chaqueta, falda, collares de perlas y medias. (Mesa, 2015: 114)

Decía más arriba que el precio de los objetos sujetos a intercambio determina, en primer lugar, la desigualdad entre los protagonistas. Es verdad, pero también la naturaleza de esos objetos condiciona la jerarquía. Es decir, importa no solo lo que valen sino también lo que son. Y son libros, discos, ropa, perfume. Los dos últimos modelan la superficie —el exterior del maniquí—, mientras que los primeros hacen lo propio con el fondo, con lo que está dentro. Libros y discos, literatura y música: el capital simbólico de la cultura, de la distinción. Knut escoge ropa para su muñeca, pero también decide lo que debe leer y escuchar, y lo que no: busca fijar su gusto y su conocimiento, y lo hace a través de dos vías, que son el habla y la escucha.

Foucault define las tecnologías del yo como dispositivos de poder que persiguen someter al individuo, pero que permiten, a la vez —doble vertiente—, que el *yo* se autoconozca y efectúe, «por cuenta propia o con ayuda de otros, cierto número de operaciones sobre su cuerpo y su alma, pensamientos, conducta, o cualquier forma de ser, obteniendo así una transformación de sí mismos con el fin de alcanzar cierto estado de felicidad, pureza, sabiduría o inmortalidad» (2008: 48). Entran en juego aquí las relaciones entre poder y saber o, en otras palabras, la necesidad de admitir, con Foucault, «que el poder produce saber [...]; que poder y saber se implican directamente el uno al otro; que no existe relación de poder sin constitución correlativa de un campo de saber, ni de saber que no suponga y no constituya al mismo tiempo relaciones de poder» (2012*a*: 37). El saber es poder y el poder, saber. O sea que la dominación del otro puede darse por medio de su conocimiento: yo despliego una serie de técnicas encaminadas a conocerte, acumulo saber sobre ti y ese saber redunda en poder que eventualmente afianza la relación de dominación establecida desde el momento en que he desplegado esas técnicas primeras. ¿De qué técnicas estamos hablando? Son múltiples, pero entre las que estudia Foucault en sus seis seminarios en la Universidad de Vermont de 1982 hay varias que nos interesan, pues aparecen en la novela: el diálogo, la confesión y el examen.

Knut habla y escucha; Knut da y recibe a cambio. Dos movimientos: hablar (dar) y escuchar (recibir). Analicemos el primero de esos movimientos.

Si hay algo que el personaje masculino hace a lo largo de la obra es, sin duda, hablar: su presencia se expande según avanza *Cicatriz*, tanto de manera literal —aumentan los fragmentos en cursiva—, como simbólica, por medio de los objetos —por eso «es imposible no acordarse de él. En cualquier lugar donde ponga la vista hay un regalo suyo» (Mesa, 2015: 69)—. Knut busca la omnipresencia a través de la acumulación de regalos y el despliegue de la palabra escrita, y habla porque necesita cultivar el diálogo: el maestro habla y hace preguntas que el discípulo ha de responder. El diálogo, entonces, entendido como técnica de enseñanza y de aprendizaje (mayéutica socrática) que pone en práctica Knut para formar a Sonia y, a la vez, mostrarle sus conocimientos (distinción). La relación que establecen los protagonistas de la novela es traducible, en muchos casos, a la relación pedagógica (y asimétrica) de maestro y discípulo. Nos dice Foucault que, para los estoicos —y Knut lo es en varios sentidos—, «la verdad no está en uno mismo sino en los *logoi*, la enseñanza de los maestros. Uno memoriza lo que ha escuchado, convirtiendo las afirmaciones oídas en reglas de conducta. La subjetivación de la verdad es la meta de estas técnicas» (2008: 73).[6] Sonia, por su lado, escucha y aprende (reproduce en sus prácticas —interioriza— el conocimiento adquirido: reglas de conducta, maneras de hacer y de

---

[6] La fortaleza o el dominio sobre la propia sensibilidad hacen de Knut un estoico. También su aversión por el contacto sexual: prácticas de abstinencia que puede entenderse como purificación. Becerra Mayor analiza la cuestión del sexo en relación con la escritura desde un punto de vista lacaniano para sostener, en resumen, que «la escritura como límite se ve en la conceptualización del sexo como aberración, como un placer sin goce, siempre postergado», motivo por el cual, para Knut, la relación sexual «no es más que una imagen fantasmática de un sexo *real* que se produce únicamente en la ausencia del otro» (2024: 106).

pensar). Aquí, así pues, el saber es el que determina la desigualdad en la relación: uno habla (sabe) y el otro calla (aprende). No obstante, el objetivo último del diálogo no es, como en Séneca, «guiar al discípulo hasta una vida feliz y autónoma a través del buen consejo» (Foucault, 2008: 87), sino «un control completo de la conducta por parte de maestro» (2008: 88). Por eso en los términos establecidos por Knut, podemos decir que, como en la vida monástica, «el yo debe construirse a sí mismo a través de la obediencia» (2008: 88). Knut habla (impone) y espera que Sonia escuche (obedezca). Y, cuando no lo hace, hay consecuencias.

En la novela, el diálogo se torna a veces interrogatorio, y el cometido de la técnica del interrogatorio es la confesión, esto es, la extracción de una información (verdad) para la posterior producción de saber. Igual que un psiquiatra interroga a sus pacientes, Knut hace preguntas a Sonia, y hacer preguntas es una más de las múltiples formas de ejercer el poder: cuestionando, excavando, sacando a la luz evidencias mediante lo que Foucault denomina «técnicas de verbalización» se persigue obtener la verdad más profunda, sincera y oscura del *yo* (2008: 94). La técnica del interrogatorio tiene la capacidad de actuar, entonces, como mecanismo disciplinario a la vez que se conforma como práctica discursiva definible por el saber que produce. Se trata, de nuevo, de producir saber/ejercer poder sobre el otro. Knut, fijémonos, hace uso de los correos electrónicos, mensajes SMS y conversaciones telefónicas como instrumento de poder para conseguir información sobre Sonia, una información susceptible de revertir en sometimiento en la medida en que le permite, además de conocer los hábitos y las flaquezas de la mujer, señalar, valorar y considerar sus pensamientos y actos. No son extraños, así, los juicios de valor que sobre cuestiones personales de Sonia se arroga el derecho de realizar él a través de sus comunicaciones, condicionando, cuando no directamente sujetando, el comportamiento de ella mediante un tono aleccionador y persuasivo (el del maestro/pastor). De esta manera, por ejemplo, cuando Sonia le habla por primera vez del hombre con quien terminará casándose,

> Knut reacciona con frialdad al principio, y con sorna después. ¿Lo conoció en una manifestación? ¿Desde cuándo va ella a manifestaciones? Imagina que se trata de una de tantas que hay contra la guerra de turno en el país asiático de turno. [...] ¿Se siente mejor persona por corear lemas contra la guerra? [...] Pero lo que más le desconcierta es ese enamoramiento súbito. *¿Has leído a Proust para esto?*, le reprocha. *Al final, tu filosofía es como la del* Cosmopolitan, *exactamente igual.* (2015: 54-55)

Knut no le reprocha haber leído *mal* a Proust, a pesar de sus lecciones —que también—, sino desviarse de las enseñanzas: mostrarse insumisa, faltando a la reproducción de las reglas de conducta y de pensamiento transmitidas. Pero la cuestión de Proust es clave también por otro motivo. ¿Cuál? Que con los libros que envía, Knut impone un canon de lecturas (y una interpretación de ellas); es decir, se convierte en el «guía literario de ella» (2015: 26). La figura del maestro, otra vez, y la disciplina de toda enseñanza vertical: Sonia debe leer los textos y escribir a Knut sus impresiones. Entra en acción en este punto una técnica ya aparecida en el capítulo anterior: la del examen, instrumento que aúna verdad y saber para individualizar al otro. Sonia no es libre de disponer de los libros cuando le plazca, de leerlos a su ritmo o de no hacerlo, incluso: el intercambio material y la relación pedagógica conllevan la obligación de realizar las tareas encomendadas y de someterse a la valoración (corrección) del maestro. Porque Knut corrige, comenta y perfila tanto las impresiones de Sonia de los libros como sus relatos literarios, en un intento de modificar su manera de leer y de escribir (de pensar), afianzándose la posición de ambos en la jerarquía. Así, por ejemplo, cuando la mujer le manda los últimos relatos que ha escrito para conocer su veredicto,

> [e]n todos los casos, la respuesta de Knut es similar: alaba el conjunto, pero se ensaña con los detalles. Su análisis de cada frase, de cada palabra, es despiadado. La mayoría de las expresiones son imprecisas, o repetitivas, o pobres, o directamente sobran. Le pide que los

reescriba de acuerdo con sus pautas. Las indicaciones que le da para ayudarla tienen más extensión que los propios relatos. (2015: 82)

El intercambio es extenuante, porque los requerimientos son demasiados, interminables. «*Te ayudará también leer a Hemingway y a Perutz*» (2015: 83), añade Knut a sus comentarios anteriores. Siempre hay más que leer, más que corregir y más que discutir. El ritmo del examen es frenético, como lo es el de la extracción de saber/poder que realiza Knut por medio de las tecnologías del yo que aplica sobre Sonia.

Dos movimientos, exponía un poco más arriba, para esa extracción de saber/poder por parte de Knut: hablar (dar) y escuchar (recibir). Es momento de atender al segundo.

Knut jamás regala nada: la relación es de dos, dos agentes se necesitan para un intercambio y dos son los bienes que se intercambian, o sea, el trueque como el procedimiento de acuerdo con el cual uno da algo *a cambio de* otra cosa. El mensaje que inicia la relación entre los personajes no deja lugar a dudas. Recordémoslo: libros por una fotografía y, después, por el mantenimiento del contacto. Libros, discos, zapatos y lencería que se dan esperando obtener algo: información, en este caso. «*Todo lo que se refiera a ti me interesa*» (2015: 84), escribe en un momento dado él. Y cuando dice *todo* significa *todo*: lo que hace, lo que no hace y los motivos que rigen cualquiera de sus decisiones; su pasado, su presente y sus aspiraciones de futuro; la relación con sus padres; su trabajo; sus sueños nocturnos; sus habilidades y defectos, etcétera. Todo, porque Knut quiere conocer hasta deglutir a Sonia, conocerla hasta dominar cada uno de sus rincones; conocerla para transformarla a su antojo. Por eso persevera una y otra vez, incansable en sus demandas (en sus preguntas: el interrogatorio). Sin prisa,

pero si algún tema se queda por cerrar siempre se lo recuerda. *No me dijiste nada del* Ella *de Onetti, sólo que te había gustado bastante, pero yo te pedí que profundizaras más. No te olvides, tengo mucho interés. O: Acuérdate de aquella pregunta que te hice: ¿cómo crees que sería tu vida hoy día si tu padre no hubiese muerto?* O: *El otro día me dijiste que también sueñas con hormigas, pero no me contaste las variaciones del sueño. Me encantaría conocerlas.* (2015: 33)

Preguntar, ya hemos advertido, es una técnica para la extracción de saber y acumulación de poder. En *Cicatriz*, las preguntas y las respuestas se lanzan mayoritariamente por escrito, y esto no es baladí, primero, porque la escritura permite la conformación de un archivo y el archivo la objetivación del otro y, segundo, porque la escritura es justamente un medio para el conocimiento de uno mismo (y, si esa escritura se comparte, se hace pública, lo es para el conocimiento del otro).

La documentación escrita proporciona un saber y en ese saber están inscritos efectos de poder. Nos detuvimos brevemente en esto mismo en el capítulo anterior, a propósito de los ejercicios que manda Bedragare a sus estudiantes del *colich*. Aquí ocurre, en realidad, algo parecido: el Knut profesor se relaciona por escrito con su alumna y evalúa cada una de sus palabras. Esta evaluación deja tras de sí un archivo, un registro que constituye a Sonia como objeto analizable y descriptible, individualizado y visible. El campo archivístico del que dispone Knut es inmenso, dado que en esta novela la corporalidad prácticamente desaparece para tornarse escritura (una escritura que, a su vez, se hace cuerpo). Apenas hay encuentros entre los personajes ni intercambio de imágenes fotográficas de sí mismos; tampoco, por lo tanto, descripciones físicas. Todo es, repito, escritura.[7] Y el archivo de Knut abundante: material que analizar para la extracción de saber/poder (lo que se dice y cómo se dice, pero también lo que se obvia y se desplaza), aunque la escritura abre asimismo espacio para la posibilidad de la impostura; de la mentira

---

[7] «La escritura en su sentido literal —esto es: la correspondencia que mantiene con Sonia—, pero también como fantasma psicoanalítico, como el imposible lacaniano de trascribir con letras el goce que se pierde con el contacto con el lenguaje, como *lo real* que no puede simbolizarse» (Becerra Mayor, 2024: 106).

o de la ficcionalización (la creación de un personaje). La posibilidad de la quiebra, acaso de la resistencia frente al poder ejercido por el otro. Sonia no lee la mayoría de los libros que le llegan, pero «cuando Knut pregunta, finge haberlos leído o se excusa por no haberlo hecho todavía» (2015: 43). La mujer practica la mentira con asiduidad, se inventa que habrá restricciones en el uso de internet en su trabajo, por lo que «*no podré mandarte más emails por el momento*, dice», o «expone con sutileza mil excusas para explicar por qué le escribe tan poco […] o por qué tarda tanto en responderle» (2015: 45; 46). La resistencia no es externa al poder y, al mentir, Sonia se enfrenta u opone, puesto que se desvía de lo esperado. Por otro lado, no debe olvidase la vertiente positiva de las tecnologías del *yo*, esto es, como dispositivos de poder que permiten asimismo que el *yo* se autoconozca y transforme su propia subjetividad. Sonia lo hace: después de todo, Knut no es sino la manera que encuentra de salirse de su propia vida (insípida, ordinaria) y sentirse *otra*.

CONTRADICCIONES

Cicatriz es compleja porque la relación Sonia/Knut lo es. Pero voy más allá: la obra es compleja también porque Sonia y Knut son personajes complejos, poliédricos, contradictorios. Diseccionemos ahora la subjetividad de los dos para comprender mejor el sistema de transacciones que establecen y su duración (o sea, para comprender la novela).

La celebrada metáfora de lo líquido le sirve a Bauman para referirse a un mundo, el actual, «caracterizado por la contingencia, la volatilidad, la fluidez [y] la incertidumbre endémica» (2016: 68). Un mundo, y con él una sociedad, regido por la movilidad y la temporalidad, donde velocidad e inmediatez han devenido elementos indispensables para unos sujetos, nosotras y nosotros, atravesados por el imperativo del mercado de consumo, entendido como «una forma de control que aquellos a los que debe controlar aceptan de manera voluntaria y entusiasta» (2006*a*: 154). Esta aceptación voluntaria del control implícito que impone la práctica del consumo ocurre porque los sujetos se sienten, ejerciéndola, poseedores de una libertad de la que carecen en terrenos distintos (2006*a*: 154), como pueden ser el familiar, el erótico o el laboral.

Sonia es una mujer joven de provincias con una vida familiar deprimente, poca independencia y un trabajo rutinario y falto de expectativas. El hallazgo de Knut en el chat literario es para el personaje, más allá de «un entretenimiento estimulante que le permite coger aire y ampliar las dimensiones de la sala [de trabajo]», una novedad, es decir, algo literalmente *distinto*. Es la fisura a través de la que verse y sentirse *otra*: interesante, sujeto de atención, halagada por la conquista de Knut a través del regalo. Una mujer diferente, con capacidad para obtener objetos antes impensables y cuyo valor es signo de distinción.

Pero en el mundo líquido del capitalismo avanzado que delinea Bauman, la novedad sucumbe rápido al paso del tiempo. Knut no es novedad infinita, sino que se torna rutina enseguida. De ahí que la mujer corte el contacto con él (primer asalto al poder). Ahora bien, la determinación de distanciarse no es resultado de una decisión tomada libremente, sino de un cambio sustancial en el entorno de Sonia: la aparición de una *nueva novedad*, Verdú, el hombre con quien se casa y tiene un hijo. Como vemos, una novedad sustituye a la anterior. En este nuevo contexto (con Verdú), Knut no tiene ya cabida. En estos términos pueden leerse las siguientes palabras de Sonia a propósito de ese primer alejamiento: «se me quitaron las ganas de escribirle. Dejó de sorprenderme. Y me cansé. Me casé y me cansé» (2015: 76). Sonia encarna la figura del individuo líquido ávido de novedades. ¿Es, por tanto, la modernidad líquida una forma de emancipación para ella por cuanto le permite escapar de esa estructura de poder? ¿Puede ser, cuando menos, una forma de resistencia a ese poder? Aparentemente, sí: la modernidad líquida —y lo que conlleva: novedad, goce, instantaneidad, etcétera— permite que la mujer se salga de la relación de dominación; actúa, según parece, como elemento en la emancipación (temporal) del personaje. Sin embargo, pasa el tiempo y la insatisfacción de Sonia retorna, conduciéndola a quien la salve de una existencia, otra vez, anodina: Knut. Knut y su atención (entretenimiento, literatura y el sosiego en la acumulación de objetos materiales): la posibilidad de creerse o sentirse una mujer distinta.

El «fetichismo de la subjetividad» es, de acuerdo con Bauman, una de las más esenciales características de la sociedad de consumo (2007:28). Nos movemos al compás de un solo ritmo, bajo las órdenes de un único mandato; un mandato que es paradójico, puesto que ordena gozar y a la vez exige la falta de goce. Se trata, claro, de estar en continuo movimiento, en busca permanente de la diferencia o la novedad, pues una sociedad satisfecha no practica el (hiper)consumo (Bauman, 2007:70). Las dificultades de Sonia para actuar y detener la relación con quien la atrae y la repele al mismo tiempo residen, tanto en su devoción por los objetos materiales —imposible renunciar a la gratificación instantánea obtenida por la acumulación de productos—, como en la búsqueda permanente de lo nuevo. La propia voz narradora apunta a esto mismo cuando sostiene lo siguiente:

> primero fueron los libros, a los que se añadieron los discos; después comenzaron los perfumes; cuando eran demasiados mandó un sujetador, a lo que ha seguido todo tipo de lencería, pasando después a los zapatos, las cremas, la ropa de marca… Cuando todo parece desgastarse por la costumbre, llega una novedad. (2015:129)

Cuando todo parece desgastarse por la costumbre, llega una novedad…Y esa novedad rompe el hábito y reactualiza el ciclo. Todo vuelve a empezar, y así *ad infinitum*, aunque tenga que fingir ante la curiosidad insaciable de Knut y su entusiasmo, aunque aparezca el simulacro.

El sinsentido se hace enseguida manifiesto: la mujer no usa ninguno de los regalos recibidos, si acaso algunos libros, que sí lee. La gratificación, insisto, está en la mera acumulación, en la emoción del paquete envuelto sobre las rodillas a punto de ser abierto. En el proceso de *unboxing*, si se quiere. Por eso termina vendiendo los regalos por Internet. Sonia acepta el primer intercambio a través del foro por la excentricidad de la propuesta. Y continúa la relación por igual motivo: Knut es diferente y la trata de otra manera, modificando con ello el reflejo que le devuelve el espejo cada mañana, permitiéndole verse *otra*. «No se conoce a alguien como Knut todos los días», y eso es lo importante de verdad; «su inteligencia. Su sensibilidad. Su excentricidad. Su generosidad. Su entrega. Además, los regalos, cómo no, aunque no siempre los quiera» (2015: 44). La relación Sonia/ Knut es una relación de poder donde no siempre están tan claros los roles, porque es también una relación de dependencia: Sonia necesita a Knut para seguir ficcionalizando esa otra vida, quiero decir, para seguir performando a través de la escritura esa versión de Sonia que existe solo dentro de la burbuja que conforman los dos. La sujeción está ahí, y Sonia en el fondo la abraza.

¿Y Knut? Knut es un joven que vive en un suburbio de la ciudad en compañía de sus padres. No trabaja. Tampoco estudia. Apenas tiene vida social. Dedica buena parte de su tiempo a leer y a robar, actividad esta última mediante la que consigue los regalos que envía a Sonia. O eso es lo que dice. Su postura teórica ante la vida es, en principio, opuesta a la de Sonia: se coloca por encima porque se ubica en los márgenes, cuando no fuera del sistema. Y lo está, en cierto sentido. Knut tiene un discurso contrario al dominante, y también sus prácticas van en esa dirección. O eso creemos, otra vez, pues no perdamos de vista que *Cicatriz* es una novela con una fuerte focalización en el personaje femenino; o sea, un texto al que accedemos, en la mayoría de los casos, desde el punto de vista de Sonia (cuando no es así, aparece una voz omnisciente). ¿Qué quiero decir con esto? Que la idea que como lectoras y lectores nos hacemos sobre el personaje masculino está sesgada por la visión de Sonia, cuando no por la palabra escrita, que amenaza siempre con la posibilidad de la impostura. En cualquier caso, y en relación con esa posición alternativa de Knut a la que venía refiriéndome, leemos en la novela, por ejemplo, lo siguiente:

> Mientras que Sonia está sujeta a las imposiciones del grupo —tan profundas que ni siquiera se da cuenta de su existencia—, él, en cambio, va por libre —robar es quizá la muestra más palpable de ello—. *El trabajo no es nada. El trabajo sólo vale para trabajar más. Yo*

no trabajo, claro. Me dedico a adquirir cosas y a la contemplación del universo, que no es poco. [...] Todo lo que ella obtiene con el trabajo lo obtiene él más fácilmente saltándose la escala de mando del sistema burgués. Ella es mucho más dependiente y, por supuesto, mucho más conservadora, vaya a las manifestaciones que vaya. (2015: 56)

Knut roba en grandes almacenes bajo el pretexto de subvertir el orden burgués. Sin embargo, lo que lo lleva a adquirir esos objetos es en el fondo similar al deseo consumista que empuja a Sonia a aceptarlos y almacenarlos. La alteración del sistema mediante la apropiación ilegal de productos caros (una apropiación que es ilegal porque elude la variable dinero) se combina —y aquí está la contradicción— con la devoción que siente hacia esos mismos productos que roba. Así, si bien la forma de adquirir esos objetos materiales destinados a una clase a la que Knut no pertenece es subversiva, el afán que lo impulsa a hacerlo es, en última instancia, equivalente al que sienten quienes pueden pagar por ellos —los burgueses— al comprarlos. Knut vive *en* la contradicción (¿y quién no?): la contradicción entre la ética y la forma de vida dentro del sistema capitalista. Knut no roba objetos baratos, primero porque la conquista está en lo caro (en lo exclusivo: de nuevo, lo diferente), pero segundo, porque él no quiere obtener esos objetos, no le interesan: sencillamente no le producen placer.

Decía antes que Knut cree pertenecer a los márgenes y, en cierto sentido, así es: ni estudia ni trabaja, lee mucho y sus habilidades para el hurto son extraordinarias. Su discurso es disidente, antisistema, y eso lo hace interesante. Rehúye a las masas, detesta la propiedad privada y se opone a las instituciones estatales, aparatos para controlar y homogeneizar. «La escala de sus preocupaciones comienza en lo individual y, allá a lo lejos, termina en lo colectivo», porque *«la independencia verdadera sólo se consigue cuando uno vive solo»* (2015: 57; 55), sostiene. Pero así, solos —archipiélago de islas—, es justamente como nos quiere ese sistema del que huye: aislados, desvinculados de los demás; sin afectos, comunidad ni *nosotros*. Esta es nada más y nada menos que la esencia de la ideología dominante del capitalismo avanzado: la creencia en un *yo* plenamente individualizado y autónomo (original y libre). En ese horizonte, el otro solo existe como competidor o reflejo/objeto sobre el que proyectarse. Knut cree habitar los márgenes, pero —como en el caso del hurto— reproduce en su discurso (y en su práctica de la soledad, siempre apolítica) la ideología del sistema contra el que dice posicionarse.

Un ejemplo más —el último— de las contradicciones del personaje masculino en relación con su devoción por los objetos de lujo y su capital simbólico. Knut: sujeto antisistema, en los bordes de la ideología hegemónica, y, sin embargo,

> [l]a primera vez que él le menciona su aspecto físico es para hablarle de su tendencia a engordar. *No te haces una idea de lo que supone tener que estar siempre pendiente de la báscula*, me dice. Mide 1,65 y suele pesar unos 75 kilos, aunque si se descuida alcanza los 80 o incluso más. Últimamente ha adelgazado un poco, porque no come casi nada y en sus peregrinaciones por centros comerciales camina muchos kilómetros diarios. (2015: 47)

Interesante, ¿verdad? La dictadura de la estética, del culto al cuerpo, que afecta también a Knut a pesar de todo, y que queda cifrada no en el reconocimiento expreso de su alejamiento de los criterios estéticos dominantes, sino en la manifiesta preocupación por ese alejamiento: «*no te haces una idea de lo que supone tener que estar siempre pendiente de la báscula*».Y es que si, como arguye Juan Carlos Rodríguez, «en la competitividad atroz del mercado: ser ganador o perdedor, winner o loser, esa es la imagen» (2005: 18), Knut es sin duda la imagen del perdedor. Su modo de acercarse a las mujeres —mercado erótico— es el único que le permite ser exitoso: la palabra escrita (la máscara) y el regalo. Solo así consigue la promesa de la satisfacción, siempre incompleta, de sus propios deseos capitalistas y la atención del otro sexo; una atención en última instancia no tan distinta de la que precisa Sonia para sentirse individualizada. Al fin y al cabo, los dos personajes están tremendamente solos.

Tanto en *El trepanador de cerebros* como en *Cuatro por cuatro*, Mesa ensaya aproximaciones a la cara oculta de los actos desinteresados, a las relaciones de poder basadas en distintos tipos de intercambio. *Cicatriz* sigue esta estela, pero supone una profundización evidente en la exploración de los modos en que la dominación puede ejercerse a través del obsequio en una sociedad caracterizada por buscar la felicidad de la autorrealización en la adquisición y acumulación (literal o simbólica) de objetos. He insistido en la importancia de examinar las transacciones entre los personajes bajo la metáfora del mundo líquido, pero si lo he hecho es porque considero que en la complejidad de la relación entre los dos personajes reside la complejidad de la novela, y solo puede entenderse el vínculo que los une desarticulando su mecanismo de funcionamiento, que es el intercambio, y lo que hay detrás. A su vez, comprender la dilatación de esa relación obliga a prestar atención a un sujeto histórico contradictorio —nosotras y nosotros— y a una realidad —la nuestra— regidos por el consumismo y la satisfacción permanentemente insatisfecha.

Capítulo 5
Los vigilantes de la moral
hacen sus diagnósticos

(Cara de pan)

Llegamos con este capítulo a un relato aparentemente sencillo, encajado en apenas 136 páginas, pero en el que asoman los grandes temas y preocupaciones de Mesa: el lenguaje y sus borrones, los preceptos morales, el poder de la norma, las expectativas sociales y la vigilancia. Una obra de orfebrería minimalista.

Cara de pan (2018) se divide en dos partes de extensión dispar y se construye sobre un escenario narrativo muy reducido: dos personajes y, casi todo el tiempo, un solo espacio (el rincón escondido entre los arbustos de un parque cualquiera). La historia que narra la novela es, igual que en *Cicatriz*, el inicio, el desarrollo y el final de la relación entre esos dos personajes. ¿Quiénes son, en este caso? Una niña de casi catorce años, Casi, y un hombre en la cincuentena, el Viejo.

Dentro de la producción novelística de la autora, este es el texto en el que la moral, definida por el DRAE como «doctrina del obrar humano que pretende regular el comportamiento individual y colectivo en relación con el bien y el mal y los deberes que implican», tiene mayor peso. Prefiero, sin embargo, la noción de *moral* que maneja y desarrolla Joan-Carles Mèlich en su *Lógica de la crueldad* (2014), puesto que me sirve para proponer una lectura de la obra como artefacto que rompe con, o por lo menos cuestiona, su lógica funcional.

Los planteamientos de Mèlich, como expondré enseguida, parten de la idea de que «nacer significa heredar un "mundo interpretado"» (2014: 16), un mundo ordenado y codificado por la moral y sus marcos. Pero la moral no es eterna (ahistórica) ni monolítica (hay contradicciones, también puntos ciegos), sino una construcción que, empleada para estructurar y dar significado al mundo, varía en función de la ideología-sistema que ocupa la hegemonía en cada momento histórico. Así, podemos decir que el mundo interpretado que heredamos al nacer es el mundo interpretado por la moral específica del momento y del lugar en que se nace, determinada a su vez por la ideología dominante en esa coyuntura. En los párrafos que siguen, propongo adentrarnos en la moral de nuestro tiempo de la mano de *Cara de pan* y dejarnos llevar (guiar) hasta sus profundidades: solo allí atisbaremos las grietas, solo allí son visibles los desajustes.

Cuestionar la moral

De acuerdo con las apreciaciones de Maryanne L. Leone sobre esta novela, «the area behind the hedges, in which Casi y el Viejo meet daily, removed from the public's gaze, allows for the development of a *deviant friendship*» (2019: 178).[1] Estoy de acuerdo. El lugar permite que la relación entre los dos personajes se desarrolle solo porque está oculto del ojo social. ¿Por qué? ¡Porque es una «relación desviada»! Es, no lo perdamos de vista, la relación entre una preadolescente y un señor, así que debe esconderse. Casi no es tonta: intuye lo anormal de sus encuentros con el Viejo y sospecha los comentarios que puede suscitar. Por eso está siempre alerta, temerosa de que alguien los vea: «comprende que es mejor ocul-

---

[1] Las cursivas son mías.

tarlo», aunque, añade, «no debería haber nada raro en que ella esté allí sentada charlando con quien le apetezca» (2018: 31).

En este relato, la cuestión de la vigilancia, trabajada por extenso en libros como *Cuatro por cuatro* o *La familia*, aparece en la forma de principios morales que funcionan como mecanismo de dominación y de sanción. Bien, Mèlich define la moral como

> una trama categorial, un ámbito de inmunidad, una gramática, un marco sígnico y normativo que establece y clasifica a priori quién tiene derechos y quién deberes, quién debe ser tratado como «persona» y quién no, de quién podemos o debemos compadecernos y frente a quién tenemos que permanecer indiferentes. Más allá de sus «efectos negativos» (castigo, represión…) toda moral también es, ante todo y sobre todo, una gramática que (me) protege de la vergüenza y que, como tal, incluye y excluye, esto es, (me) ordena y (me) clasifica, distingue lo bueno de lo malo, lo correcto de lo incorrecto, lo que debe hacerse de lo que tiene que olvidarse. (2014: 14)

La moral está constituida por categorías dispuestas en esquemas ontológicos, epistemológicos y normativos en función de los cuales se establecen nuestros regímenes de visibilidad y de representación. Cada categoría moral está conformada, a su vez, por pares dicotómicos (alma-cuerpo, derecha-izquierda, absoluto-relativo, cielo-tierra o masculino-femenino), a través de los que codificamos nuestra percepción del entorno (2011: 102).[2] Esta configuración es hasta cierto punto similar a la de los «marcos epistemológicos» que Judith Butler explica en su ensayo *Marcos de guerra* (2010), marcos culturales que definen y, por lo tanto, regulan qué se percibe y cómo. El ejercicio de la demarcación es fundamental en esto y, con él, la

---

[2] No debe pasarnos por alto que el primer término de cada uno de los pares aducidos está cargado con una positividad de la que carece el segundo (su opuesto), y las implicaciones ideológicas que hay detrás.

separación radical entre lo que entra y lo que no entra, pues no podemos ignorar que todo encuadre se funda en la existencia de un remanente (un fuera de foco). Es decir que existe un exterior constitutivo sin el cual la articulación de los marcos sería imposible. La lógica que resulta de una configuración como esta es una lógica de la exclusión, pues deja tras de sí un cúmulo de excedentes que son necesarios —sin ellos no habría conformación del marco— y, a la vez, amenazantes (su existencia desafía la estabilidad del propio marco). El excedente es perturbador porque no entra en el marco: nos perturba porque se define por exclusión, porque somos incapaces de concebirlo. De esta manera, y por aterrizar un poco el viaje teórico, puede decirse que, cuando los marcos prescriben lo que es humano, prescriben lo no humano; cuando delimitan la realidad, definen la ficción; cuando explican la verdad, exponen lo que se considera mentira; cuando precisan lo normal, fijan lo anormal.

Como es habitual en la literatura de Mesa, en esta novela hay una tensión permanente entre el interior, el pequeño escondrijo, y el exterior, todo lo que hay más allá (la sociedad o comunidad). Con esta división, el texto plantea el enfrentamiento del individuo contra el grupo, una lucha que pone en el centro los principios morales heredados para mostrar la posibilidad de contravenirlos.

Uno de los imperativos morales que aparecen en el relato y en virtud del cual queda prescrito cómo vemos, representamos, concebimos y nos relacionamos con el entorno lo transmite el aparato familiar: «Como a todos los demás, [a Casi] la habían educado en la desconfianza hacia los desconocidos: no hablar con ellos, no aceptarles regalos, no fiarse en absoluto, etc.» (2018: 64). Este es el precepto moral: no hablar con desconocidos, no aceptarles regalos, etcétera. Veamos con Casi sus descosidos: «un conocido ha sido previamente un desconocido, esto es así por fuerza: si fuéramos por la vida negándoles la palabra a quienes no conocemos, jamás conoceríamos a nadie» (2018: 64-65). Finalmente, el precepto se pone en jaque cuando se cuestiona: «¿Cuándo un desconocido alcanza la categoría de potencial amigo y cuándo se queda, solamente, en potencial peligro?» (2018: 65). La pregunta solo puede ser retórica, claro… Sin embargo, el razonamiento de Casi continúa, y concluye lo siguiente: «Está claro que el Viejo no entra en la categoría de amigos que su entorno desea para ella, más bien corre el riesgo de aproximarse a la categoría de maníaco o de depravado», una categoría aplicable al Viejo, según leemos, «en razón de su edad y de que no está con ella en el mismo instituto» (2018: 65). La problematización del mandato moral aprendido resulta, como vemos, en la evidencia de su arbitrariedad: el Viejo no puede ser amigo de Casi porque no comparten edad y porque no asisten al mismo centro educativo, lo que implica la inviabilidad de una relación con una persona mayor o menor (¿cuáles son los límites?) que ocupe, además, su tiempo en otras actividades y espacios.

En un momento anterior del relato, el Viejo le ofrece algo de beber a la niña, instante en el que —¡alarma!— el código deontológico aparece de nuevo para recordarle a Casi la imagen de «sus padres diciéndole que nunca, jamás, bajo ningún concepto, debe aceptar regalos de desconocidos» (2018: 25). El mandato moral familiar no impide que acepte la bebida: a fin de cuentas, razona la niña, el adulto es amable con ella, solo es un poco de agua y ya no es un desconocido en sentido estricto. Si en el primero de los ejemplos ha quedado reflejada la arbitrariedad de la moral, en este se presenta su carácter contradictorio o, por lo menos, la posibilidad de los desajustes, pues, igual que en su casa «le han enseñado a ser discreta y no hacer preguntas personales» (2018: 27), también le han enseñado a no ser maleducada, por lo que, si el Viejo, antes de ofrecerle el agua, «aceptó con amabilidad sus patatas, […] ella no puede mostrarse ahora desconfiada ni desagradecida» con el agua (2018: 26). La moral —nos recuerda Mèlich— es normativa y de aspiración universal o totalizadora, no situacional (2011: 105). Debiera, entonces, estar limpia de contradicciones, carente de espacios en blanco. No es así, tal como muestra la novela. ¿Las consecuencias? Se difumina la frontera entre lo correcto y lo incorrecto, y el sujeto queda a merced de la (su) ética.

QUEBRAR EL MARCO

La moral legitima la ordenación del mundo y lo dota de significado (no de sentido). Su crueldad es de raíz, pues en su lógica no caben «ni alteridad, ni extrañeza, ni disonancias, ni disidencias, ni transgresiones, ni perplejidades» (2014: 22).[3] No hay contratiempos, no hay sorpresas, no hay altercados: todo ha de ser como se supone que tiene que ser y todo ha de desarrollarse del modo en que está previsto que se desarrolle. Cuando esto no ocurre, cuando hace su aparición lo extraño, lo disonante, lo transgresor, se activan una serie de operaciones encaminadas a la normalización del elemento perturbador.

Casi es una preadolescente que se esconde en el parque y no asiste al instituto, «solitaria, acomplejada y torpe» (2018: 30). Según Jorge Avilés Diz, el personaje sufre «lo que los psicólogos han dado en llamar la primera etapa de la adolescencia» (2020: 184), es decir, problemas de comunicación con los adultos, inseguridades y ciertas dificultades de adaptación social, relacionadas muchas con los patrones de género dominantes. Para Maryanne L. Leone, es posible que Casi padezca un trastorno de la personalidad «characterized by deviations from cultural expectations regarding how one relates to oneself and others that cause difficulty functioning in a variety of situations» (2019: 165). Me valgo de las apreciaciones de ambos autores para llamar la atención sobre la necesidad social de patologizar a personajes (y personas), pues estos intentos de encasillamiento cabe interpretarlos justamente como reafirmación del imperativo social que exige catalogar, describir y nombrar lo diferente para asimilarlo, controlarlo y recorrerlo.[4] La

---

[3] Crueldad no es violencia. Para Mèlich, «la violencia se comete siempre sobre un singular en cuanto singular, mientras que la crueldad tiene lugar sobre un singular pero porque pertenece a un universal, a una categoría, a un sistema» (2014: 27). Por otro lado, la crueldad no mata, más bien te obliga, como la necropolítica de Achille Mbembe y sus muertos-vivientes, «a seguir viviendo» (2014: 40).

[4] Es llamativo que, un poco después, la misma Leone subraye la nada fortuita abstención de la propia novela de diagnosticar a cualquiera de sus dos personajes, y que hable en ese momento de un silencio que pretende hacer consciente al lector justamente de su tendencia a etiquetar a quienes poseen unas habilidades sociales distintas (2019: 165).

niña, en cualquier caso, se siente distinta, incomprendida y oprimida por el rebaño, de ahí su huida del instituto y su refugio en el parque.

El Viejo es un señor que se expresa y viste de manera extraña. Casi lo percibe enseguida, aunque no tarda en comprender «que esa es, simplemente, su forma de expresarse» (2018: 33), y que esa es, simplemente, su ropa. El Viejo, obsesionado con Nina Simone y experto en ornitología, ni trabaja ni parece tener amigos. Ninguna de sus dos aficiones es casual. La ornitología es, de acuerdo con, Avilés Diz, central en la novela, puesto que los pájaros son «una suerte de trasunto de los personajes» que faculta «una identificación emocional con ellos» (2020: 183).[5] En cuanto a la cantante, se da otra identificación, pues, como los protagonistas, Simone vivió «en contra de los comportamientos sociales considerados aceptables por la sociedad en la que vivió» (Avilés Diz, 2020: 183). Lo que me interesa es, sin embargo, que la crítica insista también en el etiquetado del Viejo. Así, si para Leone la personalidad del Viejo podría corresponderse con la de un individuo con autismo,[6] para Avilés Diz aparece, con el Viejo, «una serie de síntomas de lo que parece ser el síndrome de Tourette» (2020: 187). Es curioso que ambos análisis se hayan detenido en ponerle nombre a la singularidades del Viejo y de Casi cuando lo que, a mi parecer, hace la novela es precisamente contrarrestar, por medio del dibujo de personajes inclasificables, los imperativos que nos instan a apresar, describir y juzgar lo diferente.

---

[5] Para Leone, la diversidad de pájaros que aparecen en el texto responde a otra motivación, pues, de acuerdo con su argumento, «by highlighting this diversity the narration puts forth that varied appearances and behaviors are both desirable and the norm» (2019: 176).

[6] «El Viejo's atypical intonation, misinterpretation of social situations, focus on limited interests, tendency towards one-way communication, lack of same-age friendships, and difficulty functioning in work and day-to-day environments point to autism spectrum disorder (ASD)» (2019: 164-165).

Casi y el Viejo son dos personajes que no encajan en la sociedad, que no se adaptan a la idea de normalidad establecida.[7] Son (los hacen) invisibles. El apartamiento de la comunidad es voluntario en Casi, pero no en el Viejo, excluido de lo común por su comportamiento y manera de entender el mundo. Un comportamiento y una manera de entender el mundo que no repelen a la niña, sino que la atraen precisamente por ser distintos a lo que ha observado en el resto de los adultos. El Viejo se relaciona con ella de otra manera, igual que viste y habla diferente. Fijémonos. En principio, y porque así lo dicta la gramática heredada, si alguien mayor se relaciona con una niña es porque quiere algo a cambio. Pero el Viejo no parece querer nada:

> ¿Qué busca él en ella? ¿Está tratando de acercarse a la cuestión candente? ¿A su edad? ¿Al hecho de que una niña de su edad esté ahí, en el parque, recostada en un árbol a esas horas? Si se trata de eso, el viejo está dando rodeos para atraparla, como los depredadores que avistan sus presas y se toman su tiempo antes de saltar. Puede que esté aspirando a ganarse su confianza para después cazarla por sorpresa. (2018: 16)

Las enseñanzas morales se traducen aquí en suspicacia, y en esas enseñanzas tienen mucho peso los imperativos de su género (que se oculten en el parque ha de relacionarse con el hecho de que Casi sea mujer). Pero la realidad es aquí otra: ha aparecido el Viejo y el desarrollo de los acontecimientos previsto por la moral no se está cumpliendo. El Viejo ni hace ni dice nada sospechoso. Rehúye continuamente el encuadre de la moral. Su rareza es radical y produce la saturación del marco de referencia de Casi, con

---

[7] Maura Rossi habla de los protagonistas como «personajes caracterizados de manera simbiótica y especular como *misfits* inconformes con la acción de una autoridad [...] que perciben como policial y que excluyen del espacio mínimo y recóndito en que su diálogo no es condenable» (2024: 15).

la consecuente suspensión de las normas deontológicas. Por eso la niña, leemos, «ya no sabe qué es lo correcto: ni lo correcto en general ni lo correcto para ella» (2018: 18). Unos encuentros más son suficientes para que Casi aprenda a relacionarse con el Viejo, «a no buscar interpretaciones en aquello que dice ni en el tono que usa para decirlo», a «centrarse solamente en lo que dice, en las palabras desnudas y en sus efectos inmediatos» (2018: 34). La relación se establece, aceptado el Viejo tal cual es, entre iguales.

En el tercer capítulo de este libro hemos atendido al modo en que el discurso contribuye a la construcción del microuniverso de *Cuarto por cuatro*, algo que se repite, en líneas generales, en *La familia*, como comentaremos a su debido tiempo. En *Cara de pan* y en la siguiente novela, *Un amor*, la preocupación por el lenguaje persiste, pero varía de enfoque. En *Un amor*, Nat se topa con la imposibilidad de entender (o de quedarse en) la literalidad de las palabras, desarrollándose unas interacciones marcadas por la búsqueda de las dobleces del lenguaje. En *Cara de pan*, por su lado, hay una reflexión en torno a su transparencia. En el proceso de desmantelamiento del lenguaje que realiza Casi importa la palabra desprendida de su connotación, desnuda, aceptada y entendida como tal. No es trivial, en este sentido, que ya en el primer encuentro entre los personajes nos topemos con el fragmento que transcribo: «Yo también leo revistas, dice [el Viejo], ¡pero las mías tratan sobre pájaros! La niña, extrañada, murmura: ¿pájaros?, pensando que quizá, al decir *pájaros*, el viejo se refiere a otra cosa, y que le está lanzando una indirecta» (2018: 10). La búsqueda de segundas intenciones recuerda sobremanera a la del personaje de Nat, pero Casi —a diferencia de la otra— entiende enseguida la relación especial (presimbólica) que mantiene su interlocutor con el lenguaje. Así, la desconfianza de Casi desaparece tan pronto como acepta la literalidad de su interlocutor y aprende a manejarse con ella (algo que, insisto, jamás logra Nat, de ahí su incomunicación con el alemán).

Normalizar lo raro

Que la obra literaria de Mesa no se detiene en la representación de los distintos engranajes de poder creo que es, a estas alturas, indiscutible: sus textos punzan la noción de poder para navegar entre sus entresijos, dar con sus mecanismos concretos de imposición y mostrar las consecuencias que inflige sobre la subjetividad de las personas. Sabemos que el poder funciona encasillando, separando, nombrando y definiendo, y que, por medio de esa tarea, queda nombrado, definido, encasillado y separado lo normal de lo anormal. Señalada, por exclusión, la anormalidad, el Estado y sus autoridades despliegan dispositivos encaminados a su normalización o asimilación.

En *Cara de pan* son identificables cinco tipos de autoridad encaminados a la homogeneización del elemento discordante: la autoridad escolar, la familiar, la médica, la policial y la palabra escrita.[8] En el capítulo 3 hemos empezado a hablar de esos «lugares reales fuera de todos los lugares» en los que actúa el poder disciplinario y que destacan por encauzar la desviación de las conductas (Foucault, 2010: 20-21): escuelas, prisiones, centros de reinserción, centros para personas con discapacidad, psiquiátricos… Instituciones o aparatos de Estado para la producción de cuerpos dóciles que cumplan con los códigos morales (la Norma). Volvamos a la lista: autoridad escolar, familiar, médica, policial y palabra escrita. Casi todas ellas espacializadas en una heterotopía concreta: la escuela, la casa, el hospital, la calle o la comisaría. Comencemos por el aparato escolar.

Una de las normas que regían el Wybrany College de Bedragare, Celia, Ignacio y compañía dictaba que «el aislamiento en el tiempo libre no es beneficioso». En la lógica de rebaño, la soledad es vista como desviación y como amenaza (el peligro del contagio). En *Cara de pan*, el aparato escolar aparece, de nuevo, para operar en el enderezamiento de conductas y promover la homogeneización.

---

[8] Sobre la familiar no voy a incidir más, dada la existencia de una novela como *La familia*, que analizo en el séptimo capítulo.

Casi no se adapta a los métodos que impone su instituto: «Ahora, para evaluar, los profesores piden trabajos en grupo, pero ella no se siente cómoda trabajando con nadie» (2018: 44), expone la voz narradora. A Casi la obligan a integrarse en grupos de trabajo, a pesar de que, como bien arguye la niña, los grupos se organizan «para promover la igualdad [...], pero consiguen justo lo contrario: debilitar a los débiles y fortalecer a los fuertes», porque «en los grupos siempre hay quien lleva la voz cantante, que manipula a unos y a otros por el simple gusto de dominar» (2018: 44). El trabajo en grupo faculta la normalización de las conductas desviadas: operan invisibilizando las diferencias o, lo que es lo mismo, rechazando aquello que se separa de los criterios de la norma. Cierta función tutelar (o poder pastoral) de la autoridad educativa es fácilmente detectable en estas operaciones: la asimilación se busca siempre por el bien de la persona desviada.[9]

El sometimiento al grupo (a la normalidad) ocurre también fuera de la institución escolar, y la experiencia de vida del Viejo da buena cuenta de ello. Internado en un centro psiquiátrico de joven, el Viejo le cuenta a la niña que, por ejemplo, en la clínica solo era posible pasear «en los senderos autorizados y a las horas autorizadas», por lo que «todos los internos estaban allí, forzados a verse y a saludarse» (2018: 45), o sea, forzados a familiarizarse con y normalizar (interiorizar) los patrones de socialización impuestos en espacios públicos. En la clínica, continúa el Viejo, el ocio individual estaba igualmente prohibido, así que era obligatorio

---

[9] El poder pastoral se incorpora al tejido social moderno por medio de instituciones como la familiar, la médica, la psiquiátrica, la psicológica o la educativa. No es casual, en este sentido, que Casi acuda a una psicóloga tras desvelarse sus ausencias en el instituto y su vinculación con el adulto. En cualquier caso, en este modernizado poder pastoral, el objetivo ya no es salvar al individuo en el más allá, sino salvarlo en este mundo, adoptando la forma de seguros de vida, seguridad contra accidentes, atención médica, cuidados a la tercera edad, cámaras de vigilancia, controles en aeropuertos y estaciones, *coaching*, literatura de autoayuda, cerveza sin alcohol y un largo etcétera.

realizarlo en compañía y, por eso, «formaban grupos continuamente. Grupos de lectura, de jardinería, grupos deportivos ¡y de
juegos de mesa!» (2018: 45).

En esta novela, el ejercicio del poder despliega mecanismos de
asimilación de la diferencia que tratan de institucionalizar a los
individuos con comportamientos inadecuados de acuerdo con los
códigos morales heredados. Para ello, la sociedad contemporánea de
la normalización opera a través de la disciplina y de la biopolítica.
El poder biopolítico que el Estado y sus administraciones ejercen
funciona patologizando mediante el discurso médico o psicológico
a los individuos inadaptados.[10] Como consecuencia de la patolo-
gización, los sujetos son internados en instituciones que ponen en
funcionamiento prácticas de normalización de tipo farmacológi-
co. En la institución mental en la que es encerrado el Viejo en el
pasado, operan una serie de instrumentos de poder disciplinario y
biopolítico claros:

> Lo peor fue al principio. Lo encerraban en su habitación cuando
> se ponía nervioso, lo cual lo ponía más nervioso aún. Lo forzaban
> a tomar medicinas aunque él no había dado su consentimiento.
> ¡No doy mi consentimiento!, protestaba, pero en cuanto abría la
> boca para quejarse le metían una pastilla, y a veces lo sujetaban
> entre varios y le inyectaban calmantes. Este tipo de cosas las ha-
> cían con todo el mundo, para tenerlos bien calmados, ¡y todavía
> tenían que agradecer que ya no se aplican electroshocks! ¡Ahora
> lo llaman terapias electroconvulsivas! ¡Pero te fríen la cabeza lo
> mismo! (2018: 83)

---

[10] El Estado y sus respectivas administraciones necesitan patologizar las anomalías, ya que sin etiquetado clínico —sin hacer de las diferencias síntomas—, no
hay justificación para el encierro en instituciones de integración, reinserción o
asistencia. Recordemos a este respecto las tentativas de Avilés Diz y de Leone de
clasificar a los personajes de la novela.

La autoridad médica opera tomando a quienes no encajan en la norma social (no respetan los códigos morales) y encerrándolos en lugares específicos donde, por medio de violencias médicas, se los controla y transforma.[11]

Mèlich habla de figuras de lo monstruoso para referirse a los excedentes de la moral, esto es, a aquellos elementos que no entran en su categorización, aquellos para los que «no hay lógica capaz de dar cuenta de su radical heterogeneidad» (2014: 204).[12] Estas figuras son imprescindibles para la moral, ya que funcionan «para dar ejemplo de lo que no se debe hacer, decir, o pensar, lo que no se debe ser. Son sus *referentes inmorales*», que vienen a funcionar como la «cara oculta» de la moral (2014: 205). ¿Qué quiere decir esto? Que si, por un lado, la finalidad de las instituciones de desviación es reincorporar a los individuos a la rueda de la sociedad, por el otro, la existencia de esos individuos desviados es indispensable como exterior constitutivo del marco y como paradigma de lo indeseado. De ahí que estén presentes siempre, aunque lo hagan espectralmente (Mèlich, 2014: 210). En otras palabras y ciñéndonos a nuestro caso: los centros psiquiátricos son imprescindibles para la lógica de la normalización no tanto por su labor de reinserción, sino porque funcionan como reverso que amenaza a los sujetos ya institucionalizados, por cuanto dan ejemplo de lo que no debe

---

[11] De nuevo para Foucault, «el cuerpo es una realidad biopolítica», y la medicina, en todas sus vertientes, una estrategia característica del hacer biopolítico, además de instrumento disciplinario (1999a: 366).

[12] Mèlich se refiere, en concreto, a las figuras del extraño, del intruso y del perverso, figuras con las que Mesa acostumbra a trabajar: personajes en los márgenes de lo que en este capítulo denomino la moral (el chamán, el enano y el exentomólogo argentino de *El trepanador de cerebros* son extraños, como lo es Knut, en tanto el doctor Tejada, Bedragare y Nat son intrusos, y perversos buena parte del profesorado del *colich*, pero también el padre de *La familia*). Para Maura Rossi, son todas ellas, efectivamente, «figuras desde las primeras páginas caracterizadas como extrañas, intrusas, interseccionales con respecto a las garras rectas, casi unos barrotes, de la normatividad social» (2024: 10).

hacerse, pensarse o decirse, y de las consecuencias de ese hacerse, pensarse o decirse desviado.

La asimilación de la diferencia destruye la heterogeneidad que amenazaba con romper el marco (la visión heredada del mundo, sostenida por la moral). Pero la aparición de lo extraño es asimismo amenazante por otra razón: su propagación por medio del contagio. En la filosofía de Roberto Esposito, el riesgo al contagio de la alteridad es central dentro del llamado paradigma inmunitario propio de las sociedades occidentales actuales. La diferencia corrompe, altera, transforma. Para evitarla, el elemento concebido como diferente debe ser excluido de la comunidad o, por lo menos, invisibilizado o ignorado. La moral, como si de una lógica inmunitaria se tratara, opera ocultando y marginando el elemento problemático. En la novela, el Viejo es el elemento amenazante que hace peligrar la narrativa dominante porque muestra la posibilidad de la diferencia (disidencia). El riesgo al contagio es, en el relato, el riesgo a que el Viejo transmita a Casi una concepción y forma de vida y de lenguaje distintos. La desestabilización del marco moral se produce cuando el Viejo comparte con la niña su mundo: son los momentos en que insta a su interlocutora a la contemplación y al estudio de los pájaros y sus distintas especies, por ejemplo, momentos de peligro de contagio.

Quedan dos autoridades por analizar: la policial y la que sustenta la palabra escrita. La intervención de ambas se da de la mano en el plano argumental, pues es la segunda la que da paso a la primera.

Muchos de los personajes de Mesa escriben: Bedragare y Martina llevan un diario, Sonia escribe ficción, Nat traduce y Sara (*Sada*) toma notas sobre su día a día en la oficina. Casi registra sus vivencias en un cuaderno del que leemos fragmentos concretos y breves, pero suficientes para constatar el ejercicio de ficción que desarrolla la niña en el relato de sus experiencias (tergiversa, exagera o, directamente, miente). Cuando sus padres leen el cuaderno, creen real (verdad) lo escrito, cuando no es sino la fabulación de una niña con imaginación y deseos (in)conscientes de tener algo que contar. El diario se presenta ante la policía, se asume como prueba y el

Viejo es encarcelado, mientras que Casi es conducida a la consulta de una psicóloga.[13] «Pero el Viejo no había hecho nada. Ella, en realidad, tampoco. *Solo lo había escrito.* Su letra infantil, redonda, se había hecho peligrosa, acusadora» (2018: 118).[14] El inocente ejercicio escritural de la niña —el poder y la autoridad de la palabra escrita— se convierte en el elemento que separa a los amigos y que encierra, de nuevo, al Viejo.

Un detalle que puede arrojar luz sobre el desenlace de la novela: cuando la autoridad policial interroga a Casi sobre el suceso narrado en su cuaderno, sus respuestas y silencios no sirven para exculpar al Viejo, sino para lo contrario. Y es que, como leemos en el texto, «era más fácil creer que había pasado todo antes que admitir que, posiblemente, no había pasado nada» (2018: 113). ¿Por qué? ¿Por qué es más fácil que policías y familiares crean lo leído? Es sencillo. Primero, tengamos en cuenta que en el cuaderno se han ido narrando los encuentros en un parque entre una preadolescente y un adulto, unos encuentros que han ocurrido durante las mañanas de días laborables. Segundo, subrayemos que, en las últimas anotaciones, se sobreentienden los intentos del Viejo de abusar de Casi, algo que a ojos de los padres y de los agentes de la ley es continuación evidente de los episodios anteriores. Es, así, más verosímil para las autoridades familiar y policial creer que el viejo ha abusado de la niña que creer que la niña se lo ha inventado todo. Y es, efectivamente, más verosímil porque cumple con los preceptos, categorías y orden de la moral, de acuerdo con los cuales el abuso es, en esa situación, lo esperable. La lógica (cruel)

---

[13] En la novela, la autoridad policial no está solo representada en la figura de los agentes de la policía, sino que también reproducen este tipo de autoridad los distintos trabajadores que, en el parque, parecen acechar, vigilantes, a la niña. De manera parecida actúa la psicóloga que atiende a Casi. La equiparación que hace la niña entre la especialista y un agente de la ley es significativa a este respecto: «la psicóloga se estaba pareciendo a un agente: su tono inquisitivo, formulístico y delator. Casi retrocedía en su silla, se aplastaba contra el respaldo, quería huir» (2018: 133).

[14] Las cursivas son mías.

de la moral no contempla que el Viejo no desee aprovecharse de la niña. De este modo, lo que se narra en el relato ficticio de la niña es lo que *tiene que* pasar: la lógica de la moral no acepta alteraciones, vacíos, cambios de rumbo.

¿Pero qué es lo que pasa en realidad? Pasa que Casi «no puede quedarse sin una historia que contar» (2018: 95), porque necesita sentirse normal, como las chicas de su clase con sus novios. La joven necesita sentirse objeto de atracción o de deseo del otro. Por eso intenta acorralar al Viejo. Claro que ese anhelo de contar algo así a sus semejantes responde, por un lado, a los imperativos de género y, por el otro, al inconsciente ideológico de la niña, que la empuja a querer encajar con el grupo. Pero ocurre también algo más: que luchar contra el marco interpretativo de la moral es extenuante, sobre todo para una niña de casi catorce años. *Cara de pan* es el relato de la disputa de esos marcos, por eso irrumpen todo el tiempo en la novela, como ocurre en la escena a la que me estoy refiriendo, en la que accedemos al molde interpretativo de la moral:

> Los hombres no pueden ser amigos de las niñas, le han dicho siempre, y aún más: es *imposible* que un *viejo* se haga amigo de una *niña*. El viejo engaña, tiene intenciones ocultas, intenciones sucias. Esto es lo natural, no lo contrario, y lo que se diga de este viejo en minúscula es también aplicable al Viejo en mayúscula, al Viejo en concreto, a su Viejo, barriendo así todas sus particularidades y excepciones. (2018: 95)

La moral es totalizadora, no caben singularidades. Y es cruel en esa universalización. Así, en la lógica de la moral, las particularidades del Viejo desaparecen en favor de la generalización. De ahí que el Viejo sea ahora tan solo un viejo y que aparezca el modelo que fija sus intenciones ocultas. Pero ya sabemos que el Viejo no es un viejo cualquiera, y, como no lo es, su comportamiento rompe todo el tiempo con lo esperable. Por eso, si seguimos con la escena, leemos que:

el Viejo no percibe el cambio en ella, la determinación que de
pronto hay en ella [...]. Viejo, le dice, pero no sabe cómo continuar. Viejo, repite, y lo mira suplicándole colaboración sin que él
entienda. ¿Qué pasa, Casi? ¿No quieres probarla?, dice, ofreciéndole
de nuevo las patatas. No, dice ella, y enseguida, como un chispazo
—¿y de dónde vendrá esa *intuición*, esa *sabiduría*?—, no me encuentro bien, me duele aquí, en la pierna. ¿En la pierna? [...] Sí,
me he caído, y gime, pero su gemido es cantarín, poco creíble. El
Viejo se levanta, se acerca, déjame ver, justo lo que ella quería oír
[...]. En un arranque, ella se baja el pantalón.[15] (2018: 100-101)

Casi ha bebido de una mitología amorosa que tiene que ver
con una retórica y una iconografía (pintada, filmada y escrita) muy
concretas (históricas), de las que extrae esa «intuición» y «sabiduría»
de las que habla el fragmento. La preadolescente padece ya de una
sumisión que la obliga a querer ser objeto de las atenciones del
otro masculino y a adelantarse a sus deseos. El intento de seducir
al Viejo está motivado por la presuposición del deseo de él. Sin
embargo, el Viejo no es un viejo y ya, sino un excedente radical, por
lo que reacciona de forma insospechada: «retrocede, se tapa la cara
horrorizado [...]. ¿Qué haces, qué te he hecho?, pregunta, como
si lo estuviese sometiendo a un castigo [...]. Tápate, Casi, susurra»
(2018: 101). Acaso sea la vergüenza la que lleva a la niña a plasmar
después en su cuaderno una versión distinta —la esperable— de
los acontecimientos...

ÚLTIMOS PELDAÑOS

En la segunda parte de la novela, que ocupa sus últimas páginas,
los personajes se reúnen en una cafetería de la ciudad. Sabemos, por
la conversación que entablan, que el Viejo es exculpado (no hay
pruebas más allá de los papeles de la niña) y que Casi ha estado yendo

---

[15] Las cursivas son mías.

periódicamente a terapia. Los personajes ya no están en el rincón del parque, sino expuestos a la vista de cualquiera y, ante la mirada y el juicio social, se muestran incómodos. Una relación como la suya —parece corroborarse— solo es posible de espaldas a la sociedad y sus códigos morales. Lo percibimos con claridad cuando se produce un cambio de focalización en el texto y accedemos, por primera y única vez, a la mirada de un tercero: la camarera, personificación de la moral. La camarera, leemos entonces, «los ve levantarse: el viejo ridículo, patético, con pinta de colgado y de enfermo, y la niña destartalada, con la ropa grande, creyendo que así oculta los kilos que le sobran, la niña acomplejada, rara y boba» (2018: 136). Brillante. La moral, insisto, es totalizadora y funciona, como he dicho al inicio de este capítulo, fijando los regímenes de visibilidad y los marcos de interpretación de esas visibilidades. Por eso ya no estamos ante el Viejo y ante Casi, sino ante un «viejo ridículo» y una «niña destartalada». La moral trabaja normalizando: desprende a los personajes de su particularidad y los define en función de sus marcos de sentido. Desde ellos, ninguno de los dos cumple con los patrones de vestimenta ni de comportamiento (¿qué hacen juntos en un bar?), por lo que la configuración dualista los inscribe en el polo negativo de las oposiciones: el uno, «ridículo», «patético», «colgado» y «enfermo»; la otra, «destartalada», «acomplejada», «rara y boba».

Las categorías morales se construyen para crear los *problemas* de sus opuestos, unos opuestos que, como hemos visto, son necesarios para fijar marcos epistemológicos. La moral es «un lobo con piel de cordero», dice Mèlich, porque dota de significado y de legitimidad solo a quienes «encuentran cobijo bajo su propio manto categorial» (2014: 33). Todos aquellos que, por el contrario, no son contemplados por su lógica «quedan "(des)protegidos" de la moral» (2014: 132) y, como excluidos que son, han de ser absorbidos, ignorados o eliminados.

Analizar el mundo desde una posición que concibe la moral como construcción y busca entender su lógica articulatoria permite, entre otras cuestiones, problematizar lo que se ve (y cómo se ve) y lo que no se ve: las normas de conducta y de socialización, los prejuicios y los miedos individuales y comunitarios; discutir los modos de convivencia y pensar maneras alternativas de coexistir. La vida al margen de la moral es imposible, luego el desafío está en pensar maneras de convivencia «en sus márgenes» (Mèlich, 2014: 243). Casi y el Viejo lo consiguen durante un tiempo, dos extraños como son en lucha por conservar su heterogeneidad. Pero creo que la apuesta de Mesa por esa vida en los márgenes no queda patente solo en el conflicto desarrollado en el texto, sino que se refleja asimismo en la selección del modo de representación: los ojos concretos de una preadolescente (marginal, diferente) rehúyen la representación de la realidad como un todo, permitiendo con ella dinamitar las visiones monolíticas de la moral. Por otro lado, sacando trama y discurso del cauce de lo previsible, la novela nos empuja a colocarnos frente a la lógica dicotómica de esa gramática heredada y atisbar sus huecos. Para que el mundo se mantenga estable y ordenado, cada individuo y cada situación han de ser definidos, juzgados y asimilados en función de los marcos. Tan pronto como alguno de esos tres pasos falla, aparece la amenaza. Los protagonistas de Mesa constituyen, cada uno a su manera, esa amenaza: dos sujetos cuya inadaptación los convierte en referentes inmorales (en excedentes). La novela, entonces, muestra por un lado el funcionamiento de los códigos morales a través del manejo del lenguaje y de la puesta en primer plano del conflicto entre los personajes y el grupo, y, por el otro, los suspende al saturarlos cuando revela sus contradicciones.

Capítulo 6
Estar aislada
no es tan sencillo

(Un amor)

Llega el turno de una de las novelas más leídas o, cuando menos, más conocidas de la autora: *Un amor*, publicada en el año 2020 y llevada al cine en 2023 por Isabel Coixet. *Un amor* o la historia de Nat en La Escapa, una pedanía de pocas casas y menos habitantes a la que arriba el personaje —no sabemos exactamente cómo ni por qué— con la intención de aislarse para trabajar en su primer encargo de traducción literaria. Pero llegar a un sitio nuevo y pequeño en el que todo el mundo se conoce implica, como pronto advertirá la protagonista, convertirse en el otro: el foráneo, el elemento externo. Adaptarse e integrarse es en la novela (y en la realidad) parte de todo un proceso cuya culminación —si es que ocurre— la marca el aprendizaje de los códigos y las reglas del lugar, unos códigos y reglas que responden a imperativos sociales y cuyo cumplimiento constituye, en definitiva, el peaje que pagar por formar parte. ¿De qué? De la comunidad, claro.

Nat es, además de recién llegada, una mujer y, encima, joven. ¿Qué hace sola en ese sitio perdido de La Escapa, metida en esa casa barata y destartalada? «Todo el mundo pensará que estás loca, ¿no?» (2022: 13). ¿Y lo está? ¿Está loca Nat? Tal vez para alguna lectora o lector así sea: tal vez no haya otra manera de interpretar sus decisiones. Pero loca o no, hay algo incontestable: *Un amor* es un libro inquietante e incómodo;

antipático, me atrevería a decir incluso, y el motivo principal por el que lo es reside justamente en la incomprensión de las decisiones de su protagonista. Violeta Ros habla de la decepción como uno de los grandes efectos de lectura de la novela, pero una decepción, cuidado, que nada tiene que ver con una posición moral, sino que alude «a la caída de las expectativas del lector sobre la conducta de los personajes, que nunca van a actuar como se esperaría de ellos» (2024: 144). Nos cabreamos con Nat por su docilidad, por su sometimiento. El abismo lo entrevemos desde el inicio del relato, ya en la primera página, y Nat no hace sino encaminarse hacia él a cada paso, decisión tras decisión (porque no hacer nada también es una elección).

La novela se divide en tres partes: en la primera se presenta el espacio, se conforma la atmósfera, aparecen ciertas dinámicas y conocemos a los personajes (el casero, Píter, el alemán, Roberta, los vecinos del Chaletito…). El trueque propuesto por el alemán cierra esta suerte de introducción que es el primer capítulo y nos sumerge en el segundo, protagonizado por la relación que desarrollan el citado personaje y la protagonista. La ruptura sentimental termina con la segunda parte y da inicio a la tercera, la más breve, pero no por ello menos intensa. En ella, el hundimiento de Nat deja de ser personal para transformarse en social. Cuando la situación es ya insostenible, la mujer abandona La Escapa.

Este sexto capítulo tiene también tres partes, porque tres son los ejes en torno a los que me interesa articular el análisis de esta novela: la violencia de género, el lenguaje y la comunidad. Tres ejes relacionados entre sí y sintetizables, a su vez, en tres personajes (o en la relación que Nat mantiene con cada uno de ellos): el casero, el alemán y Sieso, el perro. Voy a detenerme en la violencia machista en primer lugar, para prestar atención a las interacciones que mantiene la protagonista con su casero; después me centraré en la cuestión del lenguaje y lo haré a través del examen de la relación sexoafectiva que mantienen la mujer y Andreas, el alemán; finalmente, reflexionaré en torno a la noción de comunidad que plantea la novela a propósito de Sieso. Tres ejes y tres personajes, entonces, pero un elemento transversal a todos ellos: el género, porque *Un amor* es radicalmente imposible con un protagonista masculino. Esta es la historia de la experiencia de una mujer, Nat, y después —solo después— viene todo lo demás: joven y sola en un espacio cerrado y pequeño. La variable género lo condiciona todo: el trato condescendiente, las relaciones de poder, la opresión, las expectativas, los prejuicios. Todo. Pero lo veremos enseguida.

VIOLENCIA DE GÉNERO (EL CASERO)

Nat alquila una casa barata, sucia y con no pocos desperfectos: una ventana que no termina de cerrar bien, un grifo que pierde agua, un tejado que filtra goteras cuando llueve. Nat no está ahí por gusto: «era mejor el mar, aunque también más caro. Fuera de su alcance» (2020: 9). Las condiciones materiales, que siempre condicionan. El casero de la mujer vive en Petacas —el pueblo más cercano— y se desplaza mensualmente al domicilio para cobrar el alquiler. Los encuentros son tensos desde el principio: el hombre es, básicamente, un machista, irascible y desagradable; desprecia a Nat, como al resto de las mujeres, y es incluso violento. La relación entre ambos es, más que de poder —que, por supuesto, también—, de violencia.

Algo que, en el contacto con el casero, sobresale de la personalidad de la protagonista es su sumisión. La socarronería, el autoritarismo y los abusos del hombre paralizan a la mujer, que bulle en el interior, pero es incapaz de exteriorizar la rabia, de reaccionar. Por eso apenas responde, por mucho que, desde el otro lado, las lectoras y los lectores ardamos en deseos de que lo haga. Y es que Nat es, además de dócil, conciliadora y políticamente correcta: naturaliza, como vemos a lo largo de la novela, el rol asignado a su género y la posición de inferioridad que le corresponde. No se rebela, parece. Ella es ejemplo, podríamos decir, de algo así como la «*nice lady*» de la que habla Harriet Lerner, una mujer que sabe sobreponerse a la rabia y callar para evitar el conflicto (2005: 5). A pesar de que las condiciones de la casa alquilada son peores de lo acordado y de que algunos desperfectos requieren una reparación, a Nat «la mera posibilidad de alargar sus encuentros la intranquiliza tanto que prefiere callar» (2020:

34) y dejarlo pasar —problemas para el futuro—; comunicarse con el casero solo lo imprescindible.

La relación está marcada por una violencia primero sutil: una dominación escondida en la forma de hablar y de mirar, en la indiferencia y la grosería, en la mandíbula tensa, la media sonrisa y el bufido; es decir, en el registro del lenguaje no verbal. Gestos, en muchos casos, apenas perceptibles que funcionan afianzando a cada uno de los agentes en su lugar histórico. Cuando la mujer, en el primer encuentro, le expone los defectos de la casa, el hombre enfría la sonrisa hasta hacerla desaparecer, lo cual produce en la mujer «deseos de recular» (2020: 11). Este tipo de violencia implica una manera de tratar y de ser tratada que es difícil de definir y de nombrar. En primer lugar, porque tiene que ver con la percepción —¿quizá he visto mal? ¿Estoy interpretando incorrectamente? ¿Tal vez sobredimensiono?— y, en segundo lugar, porque está asimilada, así que suele pasar desapercibida al ojo externo, a pesar de que, como sostiene Rita Segato, es esta nada más y nada menos que «la argamasa que mantiene el edificio de las asimetrías en pie», dado que supone «una manera de significar la atribución de valor diferencial a las personas según el género» (2018: 61).

Una mañana cualquiera, el casero irrumpe sin permiso en la casa de su inquilina para reparar el grifo mientras la mujer todavía duerme. Desperezándose, los ruidos la alarman —«pasos, el soltar de una bolsa, un leve carraspeo, más pasos sobre el enlosado» (2020: 34)— y, con el corazón acelerado, se levanta. Cuando descubre la presencia del hombre al otro lado de la puerta del baño, Nat no puede reprimir un grito. Él le pide que se tranquilice y ella vuelve a gritar. Él se ríe. Los sentimientos se amontonan: «primero es el miedo, luego la indignación, pero enseguida, otra vez, el miedo» (2020: 34). El final de la escena revela la técnica mediante la cual se deslegitima la rabia femenina. Fijémonos:

> [El casero] le dice que, total, va a tardar solo unos minutos en terminar, es una reparación mínima, ese grifo podría haberlo arreglado cualquiera. Cualquier hombre, matiza, porque está claro que ella no ha sido

capaz. Nat no puede parar de gritar. Insiste, con la voz deformada por los nervios, en que él no tiene permiso para entrar así, en que no debe hacerlo nunca más. El casero aprieta los labios, endurece la mirada.

—¿Qué piensas, que te voy a violar o qué?

La mira con desprecio, de arriba abajo. Luego se gira hacia la bañera, se agacha murmurando, manejando sus herramientas. Dice bajito —aunque Nat lo oye perfectamente— que está harto de las mujeres. Cuanto más les das, dice, peor les parece. Están todas locas, son unas maniáticas. Continúa trabajando y quejándose. Nat se queda petrificada en la puerta del baño. Después sale al porche y espera allí a que acabe, aún temblando. (2020: 35-36)

El movimiento discursivo en virtud del que se torna irrelevante la extralimitación del hombre para poner el carácter de la mujer en el punto de mira es evidente. Por otro lado, aludir a la violación y mirar con desprecio funcionan como amenaza, por supuesto, pero también como acto de reducción o cosificación de la víctima, que es convertida en objeto a merced del otro, y recordemos con Benoîte Groult que «como objeto sexual, una mujer puede ser inferior al último de los hombres. Y él no se priva de recordárselo» (1978: 166).[1] Ahora bien, más allá de la intromisión del casero en el espacio privado de Nat —exposición de poder que inocula, además, el miedo derivado de una secuencia lógica: si ha ocurrido una vez, puede hacerlo más veces—, el hecho relevante aquí tiene que ver con lo que decía al inicio de este párrafo: la estrategia empleada para desplazar la extralimitación y colocar, en su lugar, la reacción *desproporcionada* de la mujer apelando a su supuesta cordura. Una mujer, huelga decir, entendida como categoría genérica, de ahí su «están todas locas, son unas maniáticas».

[1] Por eso, para Groult, «el camionero que insulta lleno de guasa a una mujer al volante o el obrero que lanza un piropo obsceno a una señora del barrio residencial que pasa al lado de la obra afirman su dominación sobre ellas en tanto que machos, sean cuales sean sus respectivas clases sociales» (1978: 166).

En la estructura de pensamiento (o inconsciente) patriarcal la demanda de respeto del sujeto femenino es incomprensible. ¿Por qué? Porque el respeto solo es posible en una relación entre iguales. Para el casero la jerarquía es evidente por natural, y la irritación o arrebato de Nat —los gritos— un intento de dislocación de esa misma jerarquía. Algo impensable e inadmisible. La restitución de los roles se da inmediatamente, por medio de la deslegitimación de la reacción femenina que está inscrita en esos dos tradicionales insultos. El ejemplo, a fin de cuentas, no muestra sino algo bien sabido, y es que en un mundo de supremacía masculina no es tolerable que el otro femenino ni consienta ni sonría. De ahí que, como muestra con acierto la novela y como sostiene Lerner, «when a woman shows anger, she is likely to be dismissed as irrational or worse» (2005: 2).

En una entrevista para el suplemento *S Moda* a propósito de la novela, Mesa sostenía que «según el psicoanálisis las casas nos representan a nosotros, a nuestra propia identidad y nuestro propio cuerpo» (Ramírez, 2020: s/p). Sí, la simbología de la casa es múltiple y estudios como el emblemático de Gaston Bachelard, *La poética del espacio* (1957), nos los muestran. Para el francés, la casa es *«espacio feliz»*, sin duda uno de «los espacios amados» y «defendidos contra fuerzas adversas» (1983: 22). La casa de La Escapa, sin embargo, jamás llega a constituirse como ese espacio feliz: en él no halla su inquilina ni refugio ni comodidad, sino lo contrario. El hogar se entiende, en muchas ocasiones, como proyección de lo más íntimo de quien lo habita. Pensado así, la incursión del casero no solo vulnera la legalidad, sino que atenta contra la privacidad de la inquilina: es un acto de violencia contra el cuerpo de Nat. Y ese acto de violencia, decía más arriba, es repetible: el casero *puede* entrar de nuevo, y eso paraliza al personaje, que comienza a tener pesadillas, y la sume en un estado perpetuo de alarma.[2]

---

[2] «A veces tiene la sensación de que el casero ha vuelto a usar la llave y ha entrado en su ausencia. No hay nada objetivo que lo demuestre [...], pero la mera posibilidad —una posibilidad real, como ya ha visto— tiene peso de sobra para angustiarla» (2020: 48).

Nat acepta, sumisa, la restitución de posiciones, aunque hierva de ansiedad, impotencia y miedo por dentro: «está fuera de sí, pero es incapaz de mostrar su enfado. Quiere ser contundente, pero solo suena dudosa y asustada» (2020: 61). La mujer sabe que está sola y aislada en la casa, atrapada en una situación en la que, intuye, la violencia física —que asoma en cada gesto— es tan solo el escalón siguiente. El casero la anula, y ella lo sabe, porque el abuso y la consiguiente parálisis se suceden en cada encuentro. «Ojalá encontrase la fuerza necesaria para echar de allí a ese hombre en ese mismo instante», pero «no la tiene», así que todas y cada una de las veces recula y «espera a que se vaya, mensamente» (2020: 107). El primer encuentro provoca que el casero incremente su dominación en los siguientes mediante actitudes que buscan la humillación, la cosificación y la desestabilización de la mujer. De esta manera, leemos por ejemplo que «mientras ella le está hablando, él le mira los pechos», o que, erguido, piernas separadas y brazos en jarra, «sostiene su mirada hasta que ella se da por vencida y baja los párpados» (2020: 61; 178).

El acoso persiste hasta el final, hasta que ocurre la agresión física: el casero se echa sobre Nat y ella hace lo que puede por defenderse. El ataque supone una violencia expresiva que denota la dominación física y moral total del hombre sobre la mujer, entendiendo por «violencia expresiva» lo que Segato: una violencia que no tiene como fin el placer sexual, sino «la expresión del control absoluto de una voluntad sobre otra» (2016: 39). Igual que el acto de invasión del espacio de la casa, el intento de violación funciona como técnica cuyo objeto no es tanto obtener la retribución sexual fruto de la dominación como exponer la posibilidad de la aniquilación del agenciamiento del otro mediante el control de su cuerpo.

> Dolorida, desconcertada, Nat llora, frotándose la nuca y el brazo magullado. Le ordena que se vaya.
> —Pues claro que me voy. No creerías que te iba a violar, ¿no?
> Luego le dice que ella le da asco. Cualquier mujer antes que ella. Una cabra, una vaca, antes que ella. Con sus aires de señorita distinguida,

dice. Con esas tetas planas. Esa cara de haba. Que vaya a denunciarlo si se atreve. Nadie va a creerla, no hay testigos. (2020: 179)

El desprecio y la cosificación sexual a la que es reducida la mujer por medio de las palabras del casero son claros, así como la indefensión absoluta de Nat en un contexto donde la víctima parece tener las de perder ante la comunidad a la que pertenece, por no hablar del Estado y de la administración jurídica. La dominación, como arguye Foucault, es una estructura de poder que, aunque detectable en los niveles más atómicos de lo social —en todas las relaciones que establecemos, como bien muestra la literatura de Mesa—, «es al mismo tiempo una situación estratégica más o menos adquirida y solidificada en un enfrentamiento de largo alcance histórico entre adversarios» (1988: 20). El sistema dominante, lo sabemos bien, se erige sobre la diferencia de género entendida como desigualdad, una desigualdad que, basada en la asignación de roles y espacios, ha colocado a la mujer no solo en el lugar del subordinado, sino en el de adversario que es necesario subyugar. Pero como es una construcción histórica, normalizada y sintetizable en una relación de fuerzas, es susceptible de ser revertida, por eso el patriarcado necesita reafirmarse a través de actos que aseguren la perpetuación de la estructura en el tiempo. Lo decía Benoîte Groult en su ensayo *Así sea ella* (1975), y es que «el que posee alguna clase de poder sobre otros seres no tiene más que un objetivo: conservarlo» (1978: 83). Son acciones como las del casero, pero también otras de mayor sutileza, las que buscan esa perpetuación por reafirmación.

LA CUESTIÓN DEL LENGUAJE (EL ALEMÁN)

La preocupación por el lenguaje es transversal en la producción de Mesa, tal y como viene subrayándolo este libro. Lo hemos visto, sobre todo, en *Cuatro por cuatro* y su microuniverso creado sobre el discurso en una prueba, la de la novela, de mostrar cómo contribuye a la construcción de la realidad. También en *Cara de pan*, con

Casi y sus intentos de no buscar interpretaciones en lo que dice su compañero ni en el cómo (el tono y el lenguaje no verbal). *Un amor* da un paso más, razón por la cual la considero una de las grandes novelas de la autora sobre el lenguaje.

Nat es traductora y se enfrenta al reto de la traducción del mismo modo que se enfrenta al de la comunicación. La novela establece una equivalencia clara entre los problemas con los que la protagonista se topa en su trabajo y los que se encuentra fuera de él, y esta suerte de estructura especular da pie a una serie de reflexiones en torno al lenguaje y a su automatización que son centrales en el texto y que parten de la incapacidad de Nat de entender o de quedarse en la literalidad de las palabras. Sus interacciones con el resto de los personajes están marcadas por la búsqueda de dobleces e interpretaciones, lo que la lleva a un estado constante de suspicacia y desconcierto, cuando no —hacia el final— de perturbación. Y es que, si en la traducción no puede haber lugar para los vacíos de sentido, en el orden de la realidad —piensa Nat— tampoco debe haberlos. Pero los hay, y muchos, sobre todo en La Escapa, donde parece que «cada uno habla en un idioma diferente» (2020: 166), como le espeta la vieja Roberta, y donde jamás llega a desaparecer «la impresión de que algo se le escurre, de que hay cosas que no es capaz de ver ni de entender» (2020: 50).

El espejo comienza a construirse ya en las primeras páginas, con la explicitación de algunas dificultades (y peligros) a la hora de aproximarse a su encargo de traducción:

> Le imponen las palabras que otra persona escribió antes que ella, palabras escogidas con cuidado, seleccionadas entre todas las posibles, ordenadas de una única manera entre la infinitud de combinaciones desechadas. Si quiere hacerlo bien —y quiere—, debe tener consideración con cada una de esas elecciones. Pero pensarlo así es llegar a la extenuación y la parálisis. Al desgranar el lenguaje con ese nivel de conciencia, lo despoja de sentido. Cada palabra se convierte en enemiga […]. (2020: 27)

Y un poco más adelante:

> Su autora no las escribió en su lengua materna, sino en la del país
> adonde se exilió, así que el lenguaje es muy rudimentario, incluso
> plano. Al principio Nat pensó que sería una ventaja para la traduc-
> ción, pero se le está empezando a revelar como lo contrario, como
> una dificultad. Ahora se ve obligada a dilucidar si la aparición de
> cada palabra inesperada o ambigua se debe a un error debido al
> desconocimiento del lenguaje o si es un efecto buscado tras una
> intensa meditación. No hay modo de saberlo. (2020: 45)

Los pasajes, que pueden pasar desapercibidos en un inicio,
cobran su sentido cuando avanza la lectura y se conforma el reflejo (la estructura especular); esto es, tan pronto como Nat teje
relación con otros residentes del pueblo y se percata de la trasposición de los problemas lingüísticos de una esfera a otra (¿o son
la misma?). La advertencia está ahí, clara y directa: las palabras no
son inocentes, tampoco su lugar en la oración.[3] En la oralidad,
el dilema es mayor: el tono, el tiempo, los gestos, los silencios, el
contexto. Todo condiciona, porque todo es elección (consciente
o inconsciente), luego está sujeto a interpretación. Pero ese camino conduce al colapso: «la extenuación y la parálisis», pues el
sentido de las palabras se pierde en el mar de posibilidades y al
final todo es nada y nada es todo. Por eso el personaje termina
abandonando la traducción y por eso su hundimiento es rotundo.
Pero no nos adelantemos.

La cuestión del lenguaje, como vemos, se expone rápidamente en
la novela, pero no se desarrolla en profundidad hasta la proposición

---

[3] Derivado de la preocupación general por la palabra y el cómo nombrar
está el interés de la protagonista por los nombres propios y los motes que circulan
por el pueblo: desde El Glauco hasta el nombre del perro, Sieso, pasando por
Píter (escrito así, ¿por qué?), el casero —de nombre desconocido—, El Gordo o
la bruja (Roberta).

del alemán, momento a partir del cual comienza la relación entre los dos y se articula definitivamente el reflejo en el espejo al que me refería (la estructura doble). Al otro lado del cristal, el alemán es equivalente a la autora de las obras que traduce Nat: extranjero como ella y de lenguaje «rudimentario, incluso plano», lo cual es estupendo al principio —«una ventaja», decía la protagonista más arriba—; sin embargo, pronto aparecen los descosidos y se revela «como una dificultad». ¿Qué descosidos? Los del lenguaje y sus múltiples implicaciones posibles: ¿«desconocimiento o efecto buscado»? La duda no puede resolverse jamás, ni en la traducción ni en la vida: es un abismo, el abismo al que no deja de asomarse la protagonista y por el que finalmente se precipita.

Las interacciones de Nat con el resto de los personajes (Píter, el casero, los vecinos) están atravesadas por la misma preocupación. Es más: sus propias palabras y los efectos que producen son objeto asimismo de análisis, como ocurre la primera vez que visita la casa de Píter y le cuenta los motivos de su llegada a La Escapa. Este es un relato que, tan pronto como termina, escuece, porque, si bien los hechos explicados son ciertos, «debido a la forma de contarlo —la selección de palabras, la cadencia, las pausas y rodeos—, se ha cubierto de un halo de falsedad que le repugna» (2020: 44).[4] Un halo de falsedad que se transforma en otra cosa más adelante cuando le cuenta lo mismo al alemán y, esta vez, su historia en boca del otro, «con su voz, con sus palabras, […] suena insustancial, de una insignificancia que roza lo grotesco» (2020: 116). Fondo y forma: dos caras de una misma moneda, o cómo la forma —el cómo— condiciona el contenido, porque también es ideológica.

Nat conoce a Andreas, apodado *el alemán*. Es un hombre mayor que ella, «menudo y oscuro», de «pelo ralo, con entradas […]

---

[4] A Rosa, uno de los personajes de *La familia*, le ocurre exactamente lo mismo —lo veremos— cuando, en una fiesta, se lanza a relatar su historia ante unos desconocidos.

nariz ancha y fea, el bigote que se curva hacia abajo y las gafas de miope» (2020: 57). Tiene un huerto y vive vendiendo la verdura que cultiva. Nadie sabe mucho de él. Aparece una tarde en su casa para ofrecerle una caja y se percata de las goteras. Nat le explica y enseguida aprecia la reacción de él: «El alemán se ciñe a la realidad de los hechos, enfoca la situación de frente y sin interpretaciones» (2020: 64). Es decir, el alemán consigue lo que, por más que lo intenta, no logra Nat. He aquí, parece, la posibilidad de una comunicación transparente. O eso cree la protagonista, porque, como adelanta la propia novela por medio del espejo (la traducción), la ventaja se transforma pronto de dificultad: la mirada de Nat está enferma de lenguaje, enferma tras la inscripción en el orden de lo simbólico. De momento, sin embargo, esto no ha ocurrido aún: el personaje acaba de encontrarse con Andreas y la proposición está a punto de enunciarse.

«Puedo arreglarte el tejado a cambio de que me dejes entrar en ti un rato —dice [el alemán]» (2020: 67). Propuesta lanzada, intercambio planteado, y dos niveles de análisis: el lingüístico y el social. Desde este segundo nivel, lo que Andreas plantea no es sino la instauración de unas relaciones sociales *otras* en tanto en cuanto sortean el instrumento de medición o tecnología que facilita, desde hace siglos, el trueque de mercancías: el dinero. Aquí no estamos exactamente ante lo mismo que en *Cicatriz*, sino frente a algo más básico: los «intercambios primigenios» (2020: 75), o sea, un favor a cambio de otro; una necesidad por otra; valor de uso y valor de cambio sin fetichismo del dinero de por medio; una reparación doméstica a cambio de sexo. Otra cosa es el valor (social) que se les dé a los objetos en canje o la conversión de uno de ellos en referencia para ser medida de valor del resto de mercancías: el sexo, en este caso. De ahí que Nat sienta que se ha equivocado al darle las gracias al otro una vez finalizadas las obras del tejado, pues, leemos, «no es ella quien debería dárselas a él sino al contrario» (2020: 85), piensa el personaje. Pero ¿por qué al contrario? Pues porque, como digo, el sexo —y con él, el cuerpo propio— se erige como elemento de mayor valor de cambio, motivo por el cual surge la impresión de haber dado más de lo recibido.[5] El quid de la cuestión —o el problema para lectoras/es y, enseguida, también para el personaje— está en considerar el sexo como mercancía, esto es, como objeto con valor de uso en función de su utilidad, a pesar de eliminarse la variable dinero —«¿sexo a cambio de que le arreglaran el tejado?, ¿qué disparate es ese?» (2020: 89)—. En *Cicatriz*, el valor económico de las mercancías marca la asimetría de los agentes del trueque, pero en este intercambio no, porque el dinero está ausente. La asimetría viene dada en *Un amor* por el valor social de la cosa.[6] Nat da más por cuanto pone su cuerpo —y todo lo que social, cultural e históricamente implica eso— y, aun así, la sujeción del otro no ocurre, como sí lo hace en la novela de 2015 (Sonia bajo el dominio de Knut). ¿Qué es lo que pasa, en su lugar? Lo contrario: es Nat la que queda atrapada en la red tejida mediante la proposición, Nat la que busca por segunda vez a Andreas, Nat la que se obsesiona; Nat y el deseo sexual femenino, porque, ay, «lo que quizá podía temerse —la repugnancia o el arrepentimiento— no se había producido» (2020: 82).

Desde el nivel lingüístico, podemos empezar diciendo que la propuesta llama la atención de Nat no tanto por su contenido en sí como por «la frialdad de los enunciados, tan cortos y tajantes» (2020: 68). Indiferencia, desapego. Parece que para él se trata tan solo de una transacción comercial. Así, de nuevo, no es lo que se propone, sino el cómo el objeto de análisis del personaje, esto es,

---

[5] «El valor de cambio aparece por de pronto como la razón cuantitativa, la proporción en la cual se cambian valores de uso de una clase por valores de uso de otra clase, relación que *cambia constantemente con el tiempo y el lugar*» (Marx, 2010: 72-73). [La cursiva es mía.]

[6] A pesar de la imposibilidad de no pensar el intercambio desde lo económico: «Nat no tiene ni idea de cuánto han costado las tejas, el canalón y la pintura impermeable, además de algunos otros productos que él ha usado y de cuya utilidad no tiene ni idea. Todo eso más las horas de trabajo, la destreza y el conocimiento necesarios es el precio que le puso a su cuerpo la tarde antes. ¿Es mucho, es poco?» (2020: 84).

el lenguaje: «no dice *a cambio de acostarme contigo*. [...] Lo que dice es que ella *le deje entrar*» (2020: 67). Y así lo será hasta el final de la relación, porque el alemán, que nunca dice «ni una sola palabra más allá de las estrictamente precisas» (2020: 87) y que tiene la capacidad de ir directo a los hechos, sin importar el contexto, ha usado a la hora de reparar el tejado «las mismas expresiones que usó el día anterior, dichas incluso con la misma pronunciación»: «no molestar, acabar pronto» (2020: 84). Y la traductora Nat tiene que entender, racionalizar, interpretar: encontrar una explicación o definición de lo sucedido, más allá de los hechos narrados en su literalidad. Esos hechos, leemos, vendrían a ser estos:

> El alemán hizo un ofrecimiento: al principio ella no lo vio adecuado, pero más adelante sí. No tiene por qué definir ese hecho con ninguna palabra. Él fue sincero y limpio. No hubo ningún rodeo [...]. El alemán expuso sus necesidades, hizo su petición, ofreció algo a cambio, algo que además ella necesita realmente. (2020: 82)

En adelante, la segunda parte de la novela, que relata la relación entre los dos personajes, puede resumirse en los intentos de Nat de conocer a Andreas y comprender (explicar*se*) el lazo que lo vincula a él mediante el análisis minucioso de su lenguaje verbal y no verbal. Una tarea extenuante, como advertía ya el inicio del texto a propósito de la traducción, que lleva a la parálisis.

Pero la cuestión del lenguaje no termina aquí. Fijémonos en algo: después del primer encuentro sexual, «al salir [de la casa] no hablan de lo ocurrido» (2020: 79). No pueden o no lo necesitan, pero el caso es que no hay comunicación verbal: no hay lenguaje. Algo parecido ocurre, en realidad, en las siguientes ocasiones. La relación se sostiene esos primeros días porque Nat no trata de ponerla o ponerse a ellos mismos en palabras. Hay goce, nada más, deseo satisfecho: «es una obsesión. Pero no solo eso, se dice. Es un rapto, una metamorfosis radical de lo esperado» (2020: 93). «Todo ha cambiado de rango. Todo se ha desordenado por entero» (2020:

94), y para qué resistirse. Él, no sabe cómo ni por qué, «extrae de ella algo completamente nuevo, algo inagotable y adictivo» (2020: 95) que ha hecho de Nat «un ser hambriento. Tanto que tiene que refrenarse para no ir a verlo a todas horas y para no quedarse a dormir por las noches» (2020: 96). Ya lo decía Lacan, y es que «quien triunfó y conquistó el goce se vuelve completamente idiota, incapaz de hacer otra cosa más que gozar» (2006: 62). Se trata, así pues, del descubrimiento del placer en su sentido más puro, puesto que no está atravesado por el lenguaje. El goce de los cuerpos y nada más. Por eso leemos en la novela que «basta seguir las señales que le muestra su cuerpo, instrucciones exactas y placenteras, para llegar al éxito sin posibilidad de error. De manera instintiva, su cuerpo ha adquirido tal sabiduría que poco importa que él sea un desconocido» (2020: 95). Si en el vínculo Knut/Sonia no había cuerpo (todo era escritura) y el sexo era inconcebible (una perversión, en opinión de Knut), en la relación Nat/Andreas es al revés: todo es cuerpo, porque el cuerpo es el lugar de inscripción primero del goce, y aquí todo se reduce a pulsión satisfecha. Por lo menos en sus inicios, cuando no importa todavía que el otro sea un desconocido porque en el horizonte solo hay lugar para el placer.

El goce, sin embargo, pertenece al registro lacaniano de lo real, a aquello que por definición es imposible de simbolizar por cuanto «excluye el sentido» (Lacan, 2006: 63). ¿Y qué pasa un poco después en la novela? Que Nat trata justamente de darle sentido al goce, y ya no ceja de intentar ponerlo en palabras, formalizarlo, explicarlo, interpretarlo (el título de la novela: «un amor»). Al goce y al alemán, ese que antes no importaba que fuera desconocido, cuando bastaba con el cuerpo. Tan pronto como aparece la palabra, comienza la caída y el goce desaparece para ya no regresar. Y es que, como sostiene Lacan, «el lenguaje funciona originariamente como suplencia del goce sexual» (2012: 41): es decir que no hay inscripción posible del goce en el registro de lo simbólico (en el lenguaje). Mientras no hay palabras, mientras no hay (intento de) transcripción del goce que se pierda en el contacto con el lengua-

je, la relación con el alemán es torrente de placer.[7] En cuanto el
significante aparece, lo real —el goce— se desvanece (porque es
inenarrable; es irrepresentable). De una manera o de otra la propia
novela nos lleva por este camino cuando leemos, a propósito de
lo que estamos comentando, que, en efecto, «quizá es mejor no
penetrar en el misterio, no tratar de entenderlo, para evitar que
se corrompa» (2020: 109). De cualquier forma, el final, una vez
inscrito el sujeto en el orden simbólico, no puede ser otro: «algo
en sus cuerpos ha dejado de funcionar y ya no se puede reparar.
Van lentos, se manejan con torpeza y rigidez» y «Nat piensa en lo
diferente que era tan solo unas semanas antes, cuando se abrazaban
y todo era líquido y fluía» (2020: 146); esto es, cuando no había
operado lo simbólico y el goce aún era posible. Ya no lo es, y por
eso la relación termina.[8]

SOBRE LA NOCIÓN DE COMUNIDAD (SIESO)

La Escapa es una pedanía aislada, «dejada de la mano de Dios»
(2020: 55), y conformada por un conjunto de casas dispersas, la ma-

---

[7] Cuando, como leemos, el personaje «se deja llevar por la embriaguez
del momento y cree que va a estallar de felicidad. Cogidos de la mano,
todavía aturdidos, recuperándose del placer, ella siente que un ciclón la ha
arrasado y la ha transportado a otro mundo» (2020: 109).

[8] Hay sin duda más planos, estratos o lugares desde donde leer la
relación entre ambos personajes, como veremos, aunque de refilón, más
adelante. No obstante, quisiera subrayar aquí algo en lo que no puedo
detenerme después y que tiene que ver con el capital erótico de Nat, pero
sobre todo con su necesidad —(in)consciente— de corresponderse con el
modelo de relación sexoafectiva que las ficciones audiovisuales y literarias
dominantes reproducen, pero también los anuncios publicitarios, las redes
sociales y algunos discursos públicos: «Sabe que es ridículo, pero, en el
fondo, le gustaría ser la escogida, haber sido seducida después de una larga
planificación. Le gustaría escuchar que Andreas tomó nota de ella desde el
primer día, se fue enamorando poco a poco, urdió planes para acercarse,
vio la posibilidad y se lanzó sin importarle el riesgo: el cuento romántico
sustituyendo al… ¿pornográfico?» (2020: 101-102). El cuento romántico,
ese tantas veces contado y que llevamos —sobre todo las mujeres— dentro.

yoría de ellas deshabitadas. Constituye, sin embargo, una comunidad, como bien insiste Píter en numerosos momentos a lo largo del libro. Y la comunidad es importante: hay que cuidarla y formar parte, contribuir. La rigen una serie de normas, más explícitas o menos, cuyo cumplimiento es imprescindible para incluirse en ella. Nat acaba de llegar: es la nueva, la forastera. Debe esforzarse, entonces, por encajar, por ser aceptada, y ese esfuerzo suele traducirse, en su caso, en fingimiento. Un ejemplo: las vidrieras de Píter «a Nat le parece que desentonan por completo en ese edificio de ladrillo visto», pero «alaba justo lo contrario: lo bien que encajan» (2020: 23-24). ¿Cuestión de educación? ¿Miedo al rechazo? Evitación del conflicto, sin duda, en aras de la inserción en el grupo y del consenso comunitario. Pero, antes de seguir, un breve paréntesis: ¿a qué llamamos comunidad?

Esposito traza su noción de comunidad partiendo de la crítica de las corrientes filosóficas que coinciden en pensar el fenómeno comunitario bajo «el presupuesto no meditado de que la comunidad es una "propiedad" de los sujetos que une», es decir, «la idea de comunidad basada en la pertenencia y en la propiedad compartidas» (2007: 22-23). Nada está más lejos de la realidad, parece advertirnos Esposito, si atendemos a la etimología misma del vocablo, la palabra latina *communitas*, que tiene dos significados. De acuerdo con el primero, el término significa 'lo opuesto a lo propio', pues es común todo aquello que no pertenece a una persona solo, sino a muchas; aquello que es general y no personal o particular. La segunda definición se relaciona con la palabra de la que deriva *communitas*, que es *munus* (2007: 25-26). El *munus* es 'un don recibido que hay que devolver'; es una obligación para con el otro, una deuda, un «dar que determina entre el uno y el otro un compromiso» (2007: 28-29). ¿Qué comparten, a la luz de lo dicho hasta el momento, los integrantes de una comunidad, entonces? Comparten, justamente, el *munus*, elemento que constituye y articula el espacio de la comunidad y que es «un deber o una deuda»; no un *más*, sino un *menos*; no una pertenencia, sino una falta, un vacío (2007: 29). Sin embargo, y siguiendo con Esposito, esta misma deuda que reúne a los individuos y crea la comunidad es, a la vez, la que los despoja de su subjetividad; la que, podríamos decir, los aliena. El deber de la deuda desposee de su identidad a los individuos tan pronto como se inscriben en la comunidad: son extraños, impropios, ajenos. Así, lo común de la comunidad poco o nada tiene que ver con lo propio, sino que su elemento definitorio es «una desapropiación que inviste y descentra al sujeto propietario, y lo fuerza a salir de sí mismo. A alterarse» (2007: 31). La comunidad no es, en este sentido, ni un lugar donde refugiarse ni donde forjar la identidad, sino, más bien, un espacio que, como sostiene Marina Garcés, «señala un *entre* vacío, el lugar de una imposibilidad»: la imposibilidad de la relación con el otro y con uno mismo; la imposibilidad de la devolución del *munus* (2013: 122). La idea de comunidad que esgrime Esposito es, como ha quedado patente, negativa: nos une una deuda imposible de saldar. De ahí que nuestra inclusión suponga una suerte de enajenación. En la línea de *Cara de pan*, *Un amor* es una reflexión en torno a la noción de comunidad, pero no solo eso: es también una toma de posición, ya que explicita las sujeciones que impone al sujeto. Sieso, reflejo de la propia protagonista, es el gran ejemplo de ello.

El perro llega a la casa La Escapa por azar, igual que Nat. Como ella, se espera de él un comportamiento adecuado: no molestar, no romper la normalidad instaurada en el pueblo. Sin embargo, y como su nueva dueña, el animal resulta un tanto díscolo, demasiado independiente, «arisco» y de «carácter esquivo»: «impenetrable» (2020: 15), motivo por el cual Nat lo bautiza como Sieso. ¿El problema del animal? Su falta de lazos con la comunidad: «Para jugar, le lanza una vieja pelota que encontró entre un montón de leña, pero el perro, en vez de atraparla y devolvérsela, se aparta cojeando. Cuando se agacha a su lado, poniéndose a su altura para no asustarlo, se escabulle con el rabo entre las patas» (2020: 15). Ningún contacto (o el mínimo indispensable). Sieso va por libre: «Ronda por allí, pero es como si no estuviese en absoluto» (2020: 15). ¿Y Nat? Exactamente lo mismo, en realidad: «cuando [la mujer] ve que se está acercando alguien se obliga a aligerar el paso, incluso a trotar un poco. Prefiere pasar desapercibida, no verse en la obligación de presentarse ni de charlar, aunque para ello deba fingir que hace deporte» (2020: 19). La mujer es esquiva también, arisca e impenetrable. Hay que domesticarlos a los dos, deben aprender a vivir en comunidad.

La domesticación ocurre en paralelo. De un lado, la mujer intenta educar al perro en lo que *se supone* que ha de hacer un perro: compañía. Esa es su integración en la comunidad, una comunidad que, en primer lugar, conforman los dos habitantes de la casa. Sieso debe tumbarse a su lado, dejarse acariciar, cumplir órdenes. Sin embargo, «el perro se niega a entrar en la casa, va y viene según le da la gana, sin atenerse a normas» (2020: 27). Y como no se atiene a las normas —las que impone su comunidad—, Nat lo ata a una estaca: «lo único que se le ocurre para controlarlo» (2020: 28). Y aquí lo tenemos: la comunidad, que te sujeta para controlarte; la comunidad y sus dispositivos de vigilancia y de disciplina. Nat se abastece de instrumentos para educar en la sumisión: «compra un arnés, una correa, huesos de plástico para morder, un silbado de adiestramiento» (2020: 37). Quiere «convertirlo en el perro cariñoso y tranquilo que necesita» (2020: 37). Cariñoso y tranquilo: pacífico, manso, consensual; y lo necesita porque los progresos en la integración del perro son, indirectamente, los de ella.

Y hay progresos, sí, por lo menos aparentes. Nat consigue que el perro entre en la casa y que, a veces, incluso se quede a su lado, tumbado, en reposo. Esa relajación es, no obstante, tan solo superficial, pues «al recorrer el lomo con la palma, nota bajo el pelaje la agitación que sigue dominándolo, un flujo intermitente pero constante» (2020: 32). Sieso finge, porque no tiene más remedio que transigir, de la misma manera que finge y transige la mujer; el perro calla como calla Nat: ambos se someten, el uno a su nueva dueña, la otra a la voluntad del casero, de Píter y de los vecinos de El Chaletito, por ejemplo. Esto es, a la voluntad de la comunidad y sus normas de convivencia. Saludar, sonreír, preguntar qué tal, aparecer por el bar de vez en cuando. Ser civilizada. Y es que, por mucho que se quiera, «estar aislada no es tan sencillo» (2020: 38), porque somos seres gregarios y la comunidad —la *polis*— nos es inherente, como bien sostiene Aristóteles, para quien «el que no puede vivir en comunidad, o no necesita nada por su propia suficiencia, no es miembro de la ciudad, sino una bestia o un dios» (1988: 52).Y Nat ni es ninguna diosa ni quiere ser calificada como bestia, así que se somete y cumple con ciertas obligaciones morales, otorga de alguna manera las explicaciones que se le exigen y asiste a los encuentros sociales de El Chaletito o a la asamblea del pueblo. El sujeto-Nat se altera o transfigura para someterse a la sujeción.

Pero si recorremos el lomo de la protagonista con la palma, notamos también bajo su pelaje cierta agitación. Nat consiente, pero se remueve por dentro, y su relación con el alemán es la grieta por la que emerge la reacción: es su accidente, como el de Sieso el mordisco a la niña. Nat fractura la normalidad y Sieso termina de quebrarla. Una vez rota, ha de restituirse, y hay que hacerlo como sea, cueste lo que cueste.

El alemán es un ser extraño, pues a pesar de habitar geográfica-mente el interior de la comunidad, no termina de formar parte de ella. Es, como Nat y como Sieso, esquivo: lleva años viviendo en La Escapa, pero «no ha dado nunca explicaciones sobre su pasado»; además, «siempre va solo», «no habla con nadie, no tiene amigos» (2020: 86). Es ajeno: conforma, junto con los gitanos o la pareja de ancianos, el exterior constitutivo necesario para la institución de lo común. Es, en otras palabras, la otredad o el *ellos* que requiere la fundación del *nosotros* comunitario.Y —ya lo sabemos, porque hemos leído *Cuatro por cuatro* y *Cara de pan*— «tanto aislamiento resulta sospechoso» (2020: 86). La comunidad de La Escapa se torna definitivamente hostil con Nat en cuanto su relación con Andreas sale a la luz. Le han tendido una mano y ella les devuelve la amabilidad juntándose con el raro (desconocido) del pueblo. Las consecuencias son inmediatas: queda excluida de las fiestas en casa de los vecinos, «la chica de la tienda se comporta diferente, más seca, como ofendida» (2020: 105), la gente la evita y, en el bar, «tiene que enfrentarse a los murmullos y las miradas» (2020: 106). La normalidad se ha perturbado y es necesario activar estrategias de prevención del contagio: el aislamiento.[9] Desde la perspectiva que estoy tratando de desarrollar aquí, puede decirse que lo que le pasa a Nat es que es incapaz de entender las normas que rigen el lugar. Se equivoca a cada paso: con la casa, con el perro, con el huerto, con Andreas… Y con el lenguaje, claro, con lo que dice, pero, sobre todo, con lo que no dice. Y la comunidad la condena. Nat es anómala y defectuosa.

En la tercera parte del libro, una vez rota la relación con el alemán, sobreviene sin embargo el que creo es el gran aconte-cimiento no solo de esta sección en torno a la comunidad, sino de la novela: Sieso muerde en la cara a la hija de los vecinos urbanitas y se desata la cólera, la rabia de esa gente en principio «cada vez más tolerante, más civilizada» (2020: 51) de La Escapa. El accidente constata una intuición, la de que «todo ha chirriado desde el principio, se dice: ella no pertenece a ese sitio, jamás ha pertenecido» (2020: 157). Sieso agrede a la niña e *ipso facto* se torna «bestia salvaje», «fiera», «demonio», y Nat, «culpable» (2020: 159). Es la gota que colma el vaso: la normalidad ha saltado por los aires, el orden se ha quebrado y hay que reponerlo. La cohesión social prima por encima de todo y se protege o resguarda mediante la expulsión (sacrificio) del culpable: a Sieso lo matan (sacrificio) y a Nat la expulsan, aunque sea ella la que se marche por su propio pie. La solución del conflicto y purificación de la comunidad pasa por el acto de señalamiento y posterior desaparición del elemento discordante: Sieso/Nat, eslabón más vulnerable del grupo tras

---

[9] De acuerdo con la lógica del paradigma inmunitario de Esposito, la alteridad se transforma en la amenaza de la que la comunidad ha de defenderse y protegerse para mantenerse invariada. El lugar de la amenaza proviene siempre del otro lado de la frontera: «alguien o algo penetra un cuerpo —individual o colectivo— y lo altera, lo transforma, lo corrompe. El término que mejor se presta a representar esta mecánica disolutiva […] es *contagio*. Lo que antes era sano, seguro, idéntico a sí mismo, ahora está expuesto a una contaminación que lo pone en riesgo de ser devastado» (2005: 10). Ese algo que, en *Un amor*, proviene tanto literal como simbólicamente de fuera es Nat.

haber violado con su conducta las reglas y tabúes comunitarios. Dicho de otra manera: Sieso/Nat como chivo expiatorio para ahuyentar la violencia (aunque sea mediante más violencia) y recuperar la unidad.[10] La comunidad se mueve cual turba para protegerse, y la violencia de la masa siempre es vista como justa: la gente del pueblo actúa, así, «por seguridad. Y por justicia» (2020: 164), como se encarga Píter de remarcar. Y en tales circunstancias, Nat simplemente «sabe que no tiene derecho a la defensa» (2020: 169). Ha tocado fondo y la comunidad, aunque finja que sí para mantener la concordia, jamás perdona. Nat está manchada desde y para siempre. Su tiempo en La Escapa ha concluido.

Decía con Esposito al principio de este apartado que la comunidad no es ni un lugar donde refugiarse ni donde forjar la identidad. Es, más bien, el espacio de la imposibilidad de la relación con el otro y con uno mismo (de la devolución del *munus*, la deuda contraída). Creo en este sentido que, si algo hace *Un amor* es, sobre todo, mostrar esa imposibilidad, así como el peso de las imposiciones sociales o condiciones de inclusión comunitarias.[11]

Pero en el universo saramesiano, la imposibilidad de la relación con el otro se debe también a otra cuestión, además de a la deuda que funda la comunidad y a la opacidad del lenguaje, y esta cuestión es, de nuevo, el poder. La comunidad no protege a los miembros que la conforman, sino que los expone al contacto con el otro por el deber del *munus*, y en ese contacto hay siempre ejercicio de poder.

---

[10] Creo interesante pensar la novela desde el mecanismo del chivo expiatorio que propone Girard en *El chivo expiatorio* (1986), pero también en otros de sus textos; esto es, analizar lo que aquí pongo en el centro desde nociones como la transferencia mimética o la rivalidad mimética, asociadas a la naturaleza imitativa del deseo humano.

[11] Violeta Ros recupera con acierto la noción de servidumbre voluntaria para su análisis de Nat y de su voluntad de sometimiento y arguye que, por momentos, la novela parece sostener la idea de que «el sometimiento […] está en el corazón mismo de la comunidad; [que] constituye un elemento que la funda y que la estructura», y que el texto expone, entre otras cuestiones, «formas de una violencia que atraviesa la noción misma de comunidad» (2024: 152).

Todas las relaciones más significativas que Nat establece en La Escapa son susceptibles de ser estudiadas bajo la óptica del poder foucaultiano. Llevamos páginas sirviéndonos de Foucault para desentrañar los vínculos entre los personajes de las obras, así que, en este caso, vamos a señalar tan solo ciertos detalles.

Si recordamos la escena de *Cara de pan* en la que Casi pone entre las cuerdas al Viejo porque se supone que debe abusar de ella, veremos ciertas conexiones con otra de Nat y Píter en casa del segundo. Es en el arranque de la novela: beben vino con música de fondo y hablan. Se ríen. La mujer intuye lo que es probable —¿desea?— que pase, porque conoce las implicaciones sociales de la invitación y de la puesta en escena. Sin embargo, y a pesar de tener la coartada perfecta —«llegado el momento, puede decirle que tiene la regla» (2020: 42)—, nada ocurre. Las expectativas, en muchos casos inconscientes —fruto del consumo de ficciones eróticas y de la existencia de una mitología amorosa y de un imaginario romántico concretos—, no se han cumplido. ¿Decepción? Un poco. ¿Por qué? Por lo que significa esa ruptura de lo esperable. ¿Qué significa? La falta de atracción (que es poder), la pérdida de capital erótico de la mujer protagonista.[12] Y el capital erótico juega cierto papel en la novela: como mujer que es, Nat quiere agradar en todos los sentidos, también en el estético (la necesidad de sentirse deseada). Por eso asistimos en varias ocasiones a cómo se prepara para su encuentro con el otro masculino (se peina, se maquilla, se perfuma). Son sus estrategias de seducción o su manera de posicionarse por encima en la relación de fuerza.

El capital erótico está ahí, como digo, pero también el intelectual (o la cuestión de clase), y la relación con Andreas es buena

---

[12] «[…] el desinterés de Píter ha hecho saltar una alarma en Nat: la señal de que empieza a perder un poder que había poseído inconscientemente hasta entonces. Como el dinero, se dice, también el capital erótico se va escurriendo sin que uno se dé cuenta, solo se toma conciencia de él cuando desaparece, y se escudriña en el espejo con una mirada desprovista de piedad, evaluando las partes de su cuerpo de su cara donde puede radicar el error» (2020: 47-48).

muestra de ello.[13] Nat es urbanita, tiene carrera y cierto bagaje; es, sin duda, leída, ¡porque es traductora! A Andreas, de «aspecto rudo y no precisamente sofisticado» (2020: 82), le presupone falta de estudios, cerrazón e incultura. Estupendo, porque eso la coloca a ella por encima; eso y ser bastante más joven que él y, por ende, sentirse menos necesitada y más deseada (mayor valor de mercado). Los prejuicios van demostrándose poco a poco como lo que son: prejuicios y nada más, porque el alemán resulta que estudió Geografía en Cárdenas, que no siempre ha vivido en un pueblo y que tuvo vida romántica antes de llegar a La Escapa. Incluso sabe hablar con corrección y empleando terminología específica:

> Nat lo ha escuchado boquiabierta, sorprendida de oír términos que jamás hubiera imaginado en su boca, expresiones como *modesta cartera de clientes* o *proyectos urbanísticos*. ¿No era Andreas solamente un hombre de campo? Ahora, de golpe, ha de presuponerle una formación, estudios, cultura, lo que sea que ella no esperaba. […] ¿De verdad creía que solo servía para plantar lechugas? (2020: 112; 113)

Desde luego que la mujer creía que Andreas solo servía para plantar lechugas… Así que ahora que ha de suponerle ciertas cosas, la balanza se equilibra (el poder de ella disminuye). Además, no nos olvidemos de algo: es Nat la que lo busca, Nat la que va cada noche a su casa, Nat la que lo demanda. Y él finalmente el que se erige con todo el poder (el que la abandona). Y ella, claro,

> se siente estafada. Lo que la llevó a aceptar el trato de las tejas fue una visión de Andreas que ahora se difumina por completo. Le atrajo la

---

[13] En la relación con el casero, la variable clase aparece también: Nat «llora, llena de rabia por no entender qué es lo que le aterra de ese hombre. Un hombre maleducado y mezquino, sin verdadero poder sobre ella. ¿No es claramente inferior? Inculto, sucio y pobre, ¿qué daño puede hacerle? ¿por qué le afecta tanto?» (2020: 62).

imagen que ella se había construido de él —o quizá la que él mismo quiso dar—: un hombre de campo, sin posibilidades de cambio, que hacía mucho tiempo —¡él mismo lo dijo!— que no había estado con una mujer. Un hombre que había perdido la capacidad de seducir —si es que alguna vez la tuvo—, que se veía obligado a proponer un trueque de bienes como si viviera en un poblado primitivo, desconociendo las reglas elementales de la cortesía. Un hombre que posiblemente nunca salía de allí o, si lo hacía, era solo para acarrear cajas de verduras que él mismo cultivaba. Un hombre tosco, sin cultura, que vivía en el campo desde niño adaptándose instintivamente a cualquier territorio como un perro abandonado. […] La inexperiencia de él la engrandecía a ella, la hacía poderosa. La carencia de él era, para ella, su riqueza. (2020: 125-126)

No hay una lectura correcta, porque —por suerte— aquí, y de nuevo, no hay una única interpretación posible. Hay grises, borrones y vacíos. ¿Cada personaje ha jugado sus cartas, el uno presentándose como necesitado y analfabeto, la otra haciendo uso de un poder presupuesto? ¿Nat ha caído en la trampa de Andreas? ¿O es Nat la que, ella sola, ha levantado un castillo de naipes? No podemos saberlo, pero lo que sí sabemos y no podemos perder de vista es que, a pesar de estar escrita en tercera persona, la narración está focalizada —como acostumbra la autora— en el personaje femenino, por lo que la imagen que tenemos de Andreas, del resto de los personajes y del pueblo está filtrada —sesgada— por unos ojos concretos.

En La Escapa nada sale como Nat espera que salga. Quizá porque, como le asegura el alemán, no ha llegado a entender las reglas del lugar y no ha sabido, entonces, adaptarse. O quizá porque la comunidad —cerrada, como todas— ha necesitado expulsarla para reafirmarse como unidad.

Capítulo 7
Nunca una palabra
más alta que la otra

(La familia)

El diez de septiembre de 2022, cuatro días antes de la publicación de *La familia*, aparecía en el suplemento cultural de *El País* una bonita entrevista de la escritora Laura Fernández a Sara Mesa cuyo titular, «Sara Mesa: "la familia es una amenaza"», suscitó algún que otro debate en las redes sociales.[1] En el cuerpo de la entrevista, y en relación con ese titular, Mesa argüía lo siguiente:

> No entiendo por qué la palabra familia está connotada positivamente, como el amor, o la felicidad. Debería tener una connotación neutra, como el trabajo. Porque las hay buenas y malas. En el fondo, implica convivir con personas que no has elegido, y que pueden hacerte daño. Una familia puede llegar a funcionar como una secta. Y hasta que no se está fuera, no se es consciente de que lo que pasaba dentro no tenía nada de bueno.

[1] Entrevista disponible en el siguiente enlace: <elpais.com/babelia/2022-09-10/sara-mesa-la-familia-es-una-amenaza.html>.

El razonamiento no puede ser más saramesiano. ¿A qué me refiero? A que sigue la línea que venimos trazando desde el inicio de este libro: el interés de Mesa por indagar en los supuestos para desmontarlos como una de las señas de identidad de su proyecto literario. Si en novelas como *Cuatro por cuatro* o *Cara de pan* las bondades de la institución educativa se ponen bajo sospecha, y en *Cicatriz* o *Un amor* se reflexiona, aunque desde distintos lugares, sobre la amorosa, en el caso de *La familia* es la institución familiar la sujeta a examen. Y es que, de nuevo, como en el local, el colegio, la residencia de ancianos y la pedanía, la familia no es sino otra «comunidad artificial», o sea, un lugar en el que es obligado, como sostiene la autora, «convivir con personas que no has elegido». La convivencia implica contacto con el otro, y ese contacto —el instante mismo en que se inicia: una mirada, un gesto, una palabra— es el que, como chispa que prende la mecha, comienza a construir el artefacto literario. La preocupación por la idea de comunidad es persistente en la obra de Mesa, ya lo hemos visto: cómo se conforma, qué la caracteriza, qué reglas la rigen y, sobre todo, qué tipo de relaciones se establecen entre sus miembros. *La familia* no es en todo esto ninguna excepción; al contrario, es la novela más sólida y, tal vez, más representativa de la labor literaria de su autora.

Comencemos por la estructura del texto, sin duda particular y muy distinta a la empleada en novelas anteriores por cuanto se aproxima, podría decirse, a la del libro de relatos. Como si cogiéramos un álbum desordenado de fotografías familiares, la novela se compone de una sucesión de anécdotas o escenas discontinuas, pero vertebradas y comunicadas por hilos conductores: los integrantes de una misma familia en distintos momentos de sus vidas. La complejidad formal salta a la vista: estamos ante una obra coral —algo inaudito hasta entonces— en la que cada capítulo o fragmento (catorce en total, sin numerar y titulados) se narra desde una perspectiva distinta, aunque se repita personaje —como ocurre con Martina o con Rosa, por ejemplo—, pues se hace en etapas distintas de sus vidas, lo que obliga a adoptar cambios en la mirada.[2] En cualquier caso, el juego de perspectivas es importante, no solo por la singularidad de la focalización habitual en Mesa (narración en tercera persona omnisciente, pero focalizada en un personaje), sino también porque permite articular el binomio interior-exterior, fundamental en su obra y de cuya importancia ya hemos hablado a propósito de *Cuatro por cuatro* o *Cara de pan*. En esta ocasión, la dicotomía dentro–fuera se establece, como digo, mediante el manejo de la perspectiva, sobre todo: de un lado, las voces que narran desde dentro del núcleo familiar; del otro, las que lo hacen desde fuera (el tío Óscar y la vecina). Es interesante apuntar aquí un detalle, y es que esa dicotomía se trastoca u oscila en función del eje temporal. Así, Martina —que no por casualidad es el personaje que, en su calidad de adoptada, accede desde fuera a la familia— narra desde el interior cuando es niña en tanto que lo hace desde el exterior cuando adulta. Volveremos, por supuesto, a ella tan pronto como nos ocupemos de los mecanismos de producción de extrañamiento de la novela. Pero eso no es todo: la novela abunda en diálogos directos, un recurso narrativo poco usado en su narrativa, en la que es mucho más común el estilo indirecto libre con una tercera persona omnisciente que aparece y desaparece.

Si me detengo en la cuestión dialógica es por dos motivos: el primero, por la dificultad que entraña el diálogo directo, una dificultad que, creo, Mesa supera sin problemas (bien armados, verosímiles; véase el capítulo sobre el tío Óscar); el segundo —y resultado del anterior—, porque son ellos los que, en mayor medida, abren la puerta al humor, un elemento ausente desde *El trepanador de cerebros*, aunque recuperado también en *Oposición*.[3] *La familia* está, efectivamente, salpicada de un humor que se encuentra sobre todo en los diálogos de los niños y que emerge a partir del cho-

---

[2] Esta es la novela con mayor número de personajes de la autora, siete, contando al padre, el único que, aunque omnipresente, carece de capítulo específico y focalización.

[3] Se trata, en este caso, de un humor muy diferente al empleado en *El trepanador*, novela en la que —cabe recordar— este se caracteriza por la ausencia de compasión.

que entre la realidad y su manera de interpretar lo que acontece. A diferencia de lo visto en su primera novela, el humor opera aquí como herramienta para destensar o rebajar la solemnidad general y subrayar, asimismo, la grandilocuencia de los discursos que circulan en la casa. Este humor se produce desde dos lugares: la figura del padre, por momentos ridícula, tal como veremos, y el personaje de Aquilino, el hijo menor. Aquilino es avispado y frío, pero con un marcado sentido del humor. A él nos aproximamos en la sección de la novela que lleva por título, justamente, «Aqui en siete fragmentos»; un pasaje interesantísimo por dos motivos: el primero, porque es el único dedicado a dicho personaje; el segundo, porque está compuesto por siete fragmentos cortos acompañados de título en los que, a través de una voz omnisciente centrada en el niño, vemos a Aquilino en varios momentos de su infancia. La unión de esas porciones de vida permite construir una visión que anuncia la complejidad del personaje, y en esta visión sobresale, como decía, el sentido del humor.[4] La escena de la caricatura de Gandhi es bien representativa, igual que muchos de los comentarios que, en este capítulo y en otros, salen de repente de la boca del niño, distendiendo las situaciones narradas. Aquilino parece el gran superviviente de la dominación del padre; no obstante, lo hace a fuerza de individualismo y frialdad.

Junto con el humor aparece la compasión. Aquí el retrato de la maldad o de algunas formas de malicia o de perversión se hace desde un lugar menos distanciado. Esta proximidad reduce los

---

[4] Aquilino es el único personaje que no vemos de adolescente ni de adulto, solo de niño y, como he señalado, a través de un episodio estructuralmente *diferente*. Es más, pienso que el citado episodio revela, a pequeña escala, el funcionamiento de la novela entera: distintos momentos en la vida de unos personajes concretos cuya unión permite articular una imagen poliédrica (e incompleta, por supuesto) de ellos. Al final, la estructura de la novela no es sino copia del modo en que contamos nuestras vidas al otro: a base de escenas, de imágenes (recuerdos) en el desorden propio de las conversaciones en el tiempo.

niveles de crueldad y de desapego, lo que lleva a unos análisis más complejos de la idiosincrasia de los personajes y de su realidad, en la medida en que, lejos de juzgar, lo que se intenta es comprender los claroscuros. Los protagonistas de *La familia* tienen miedos, arrastran vergüenzas y culpas, y llevan máscaras; hacen daño —queriendo o sin querer—, pero también les hacen daño (tienen sus propias heridas). Son personajes inextricables, cargados de unas contradicciones que asustan y duelen, porque interpelan, porque son compartidas. No estamos, entonces, ante un retrato del mal de contornos claros y bien dibujados, sino borroso, porque aquí, como en la mayoría de las obras de la autora, todo es mucho más difuso.

LA DESIDEALIZACIÓN DE LA INSTITUCIÓN FAMILIAR

Bajo el epígrafe «La casa», la novela se abre con una página y media en segunda persona y tiempo presente de presentación del campo de batalla: la casa, el hogar de la familia, de *una* familia; su núcleo, el germen de la historia. Una cámara se desplaza por sus distintas estancias y exhorta a mirar, a mirar todo el tiempo y en detalle, aprovechando las sombras de la noche y el silencio:

> Mírala bien, antes de despertar. Los puntos ciegos y las madrigueras. Palabras que significan justo lo contrario de lo que aparentan, tramposillas. El peine que traza la ordenada raya en medio y el revoltijo de pelos debajo del colchón. La puerta del armario que no cierra del todo. La rendija que queda. Los ojos que espían. (2022: 7)

La totalidad de una poética en un párrafo que no llega a las seis líneas, pero también las claves de la novela ante nuestros ojos: la importancia de la observación minuciosa (¡mírala bien!), tanto de lo que se ve como de lo que no se ve, porque se esconde en madrigueras y ángulos desconocidos; el lenguaje y sus ambivalencias (la connotación de las palabras, su carga, pero también el tono, tramposillo); la sociedad y sus códigos (esa raya en medio), unos códigos de los que emergen, pronto e inevitables, la culpa y la impostura (el revoltijo bajo el colchón); las imperfecciones en el terreno y, finalmente, las grietas que, como la rendija que queda en la puerta del armario que no cierra, permiten vislumbrar lo oculto y acaso posibiliten la huida. Ojos que espían en ambas direcciones. La sospecha permanente.

Arranca así *La familia*, el relato de una familia singular de seis integrantes: cuatro hijos, llamados Damián, Rosa, Aquilino y Martina, que son el Proyecto de Padre y Madre (Damián y Laura), una pareja obsesionada con el control y las apariencias. En la casa hay unas normas —bastantes— y una tensión que atenaza, aunque jamás se levante la voz y las prohibiciones, más que enunciarse, se infieran. La escuela y el trabajo coartan, oprimen; también la sociedad en su conjunto: siempre hay unos códigos de conducta, un papel que cumplir, unas expectativas. La raíz, el fundamento primero, sin embargo, está en otro lado: en la familia, porque el lugar en el que crecemos condiciona quiénes somos, y ahí está el principio, el germen, la semilla. Pero no a todos afecta por igual, las reacciones son impredecibles, por eso cada niño de la novela es distinto, a pesar de provenir del mismo sitio. Damián y Aquilino son dos hijos opuestos: el primero es el mayor —el primogénito, inseguro y endeble— y el segundo el menor —espabilado, inteligente, insensible—; Rosa es la hija disconforme y rebelde, en tanto que Martina, sobrina adoptada, es la recién llegada, la foránea que, de un día para otro, se sumerge en la incomprensible y hermética microcomunidad que conforma esa familia, a la que trata de adaptarse. La madre, por su lado, es una mujer atrapada a la que no le queda más remedio que continuar la partida, porque hay circunstancias sociales —la clase, sin ir más lejos— difíciles de vencer, pero ¿dónde (hu)ir cuando te han anulado y no te queda nada? Ama de casa, la frustración, siempre subterránea, impregna cada uno de sus gestos y sale a la luz en los ruidos (ollas, sartenes, resoplidos) de la cocina, su templo. El padre, finalmente, es la figura central, el cuerpo celeste en torno al que orbitan los demás: el jefe de la tribu que conforma la familia. No en balde, sabemos, porque nos lo recuerda Friedrich Engels en *El origen de la familia, la propiedad privada y el Estado* (1884) a propósito de ese nuevo organismo social que es la familia patriarcal, que «*famulus* quiere decir esclavo doméstico, y *familia* es el conjunto de los esclavos pertenecientes a un mismo hombre» (2012: 108). Padre es el gurú de la secta, el autócrata de la casa-estado. Sin embargo, su autoritarismo es, como terminaremos por descubrir, resultado de una quiebra íntima: es un gurú frágil, infeliz, por momentos ridículo; un charlatán, igual que el Chamán de *El trepanador de cerebros*, y un embustero —finge ser un abogado de renombre volcado en causas humanitarias—, pero con poder sobre los suyos y, sobre todo, despótico, porque admirar a Gandhi no te convierte en Gandhi, por mucho que sonrías y, en voz calma, repitas hasta la saciedad que todo, cualquiera que sea la decisión, «es por tu bien».

En la casa de *La familia* reinan el control y la vigilancia; es un espacio panóptico y Padre el ojo que todo lo ve. En la estela de sus grandes obras, estamos de nuevo aquí ante un escenario dominado por relaciones de poder de distinta fuerza e índole, trazadas con pulso firme y precisión milimétrica. En esta familia, al contrario que en *Cuatro por cuatro*, donde las relaciones de dominación se ejercían tanto vertical como horizontalmente, toma el protagonismo la verticalidad del poder: de arriba abajo, del padre a la madre y los hijos. No quisiera insistir en cuestiones teóricas, pero es que el pensamiento de Foucault es ineludible: si aparece y reaparece en las páginas de este libro es por razones obvias, pues, al fin y al cabo, Sara Mesa no es sino la mayor (y mejor) escritora española actual sobre el poder y sus mecanismos, y no podemos olvidar que, de acuerdo con el pensador francés,

> las relaciones de poder son las que los aparatos de Estado ejercen sobre los individuos, pero asimismo las que el padre de familia ejerce sobre su mujer y sus hijos, el poder ejercido por el médico, el poder ejercido por el notable, el poder que el dueño ejerce en su fábrica sobre sus obreros. (2012*b*: 42)

En las sociedades disciplinarias de Foucault, hemos visto ya, los sujetos se insertan en instituciones de vigilancia y corrección. El control permanente permite ejercer una serie de intervenciones de tipo correctivo cuya finalidad es ajustar el comportamiento de los cuerpos a una norma, a un modelo. La sujeción de los individuos se realiza mediante la institucionalización de sus cuerpos —códigos de conducta, prácticas, posturas— y se lleva a cabo en espacios concretos: la fábrica, el colegio y el hospital, pero también la casa familiar. Y Mesa se atreve. ¿A qué? A desvelar la casa como dispositivo foucaultiano de poder, como espacio en el que, de una manera similar —¡y anterior!— a la escuela, se desarrollan relaciones de dominación basadas en la vigilancia y el control (la disciplina) para el enderezamiento de conductas.

Yo me imagino lo siguiente: en una habitación en penumbra, un objeto voluminoso, tapado con una manta, sobre una mesa amplia. De repente, la luz de un foco se dispara sobre el bulto y una mano emerge para retirar la manta y revelar lo oculto: una casa de muñecas *normal* (ni grande ni especialmente bonita), más bien modesta, y abierta, como es habitual, por el lado que le correspondería a la fachada. Escasos muebles, pero suficientes, y seis figuras de tamaños y vestimenta distintos que se mueven e interactúan: el padre, la madre, los cuatro hijos. A partir de ahí, tan solo la capacidad de observación de unos ojos —los de la autora— expertos en mirar (y leer) más allá de lo visible.

El espacio es capital en el ejercicio del poder disciplinario, pues la disciplina es centrípeta, es decir que «funciona aislando un espacio, determinando un segmento. La disciplina concentra, centra, encierra» (Foucault, 2006: 66) y, para ello, hace uso de tres técnicas: la clausura, la división en zonas y el rango o la jerarquía (2012a: 164-173). Recordemos que el internado de *Cuatro por cuatro* estaba totalmente aislado (en medio de un bosque), pero la casa de *La familia* no se ubica en un lugar ni remotamente parecido. El principio de la reclusión, como bien muestra esta novela, no requiere del aislamiento geográfico. La vivienda familiar es, en realidad, un simple piso en un bloque de edificios de un barrio de aluvión cualquiera de una ciudad, asimismo, cualquiera. El aislamiento viene del interior. La casa conforma un recinto hermético en el que se desarrolla un control puntilloso de entradas y salidas. Padre es quien lo realiza: solo él tiene potestad para autorizar los movimientos interior-exterior y exterior-interior que se realizan en su territorio. Los niños no pueden salir a la calle a jugar ni practican actividades extraescolares, van de casa al colegio y del colegio a casa. De la madre desconocemos cualquier salida,[5] el padre es el único con libertad de movimiento. El rechazo impuesto al exterior es patente en la casa y uno de los pilares de la clausura; al fin y al cabo, los males del exterior engrandecen las ventajas del interior, por eso fuera anidan peligros (la mediocridad, el sexo, la frivolidad) de los que solo pueden salvaguardar las cuatro paredes del hogar. Este hermetismo, requisito indispensable para el control disciplinario, es el resultado de un miedo: que lo anómalo del interior se descubra. El procedimiento es bien sencillo: negado el exterior, no hay elemento de comparación posible. De ahí que —como en *Cuatro por cuatro* y *Cara de pan*— las dicotomías exterior-interior sean tan importantes en la conformación interna el relato. La incomunicación con el exterior, así, no se da en beneficio de los hijos ni de la madre, como es evidente, sino del padre y de su Proyecto. Ahora bien, ¿es posible mantener el aislamiento por tiempo indefinido? No, claro: los hijos crecen y las circunstancias cambian, el control se debilita y las posibilidades de reacción aumentan. El Proyecto va haciendo aguas. Al final, no es más que esa casita de cartón sin ventanas y puerta cerrada que, a la deriva, trata de seguir a flote en la portada de la novela.

Diseminadas en el texto aparecen referencias a distintas estancias del piso: tenemos noticia de una sala de estar, del despacho del padre, de la cocina, de las habitaciones de los hijos y de la habitación de los padres. La división en zonas que rige en la vivienda se presenta de manera escueta, pero directa. El despacho es el santuario del padre, una estancia a la que todos tienen terminantemente prohibido el

---

[5] Lo veremos más adelante, pero no es casualidad que Damián le proponga a la su mujer estudiar, pero a distancia, es decir, desde casa.

acceso y en la que Padre se recluye por las tardes. La presencia del padre coarta. Por eso, «cuando se metía en su despacho con la puerta cerrada, absorto en su trabajo, una suave ráfaga de permisividad recorría la casa. Madre se relajaba y hablaba por teléfono a media voz. Los niños, sabiéndola distraída, también podían hacer de las suyas sin ser inspeccionados» (2022: 141). La palabra que cierra la cita no es accidental: el padre es el ojo que, en lo alto de la torre del entramado panóptico, vigila los movimientos del resto. Cuando no está, incluso la madre —reproductora de iguales mecanismos de control, pero en primera y última instancia también sumisa— puede permitirse cierta distensión. La cocina es, por otro lado, el espacio de la mujer. Sobre la cuestión de género hablaremos después. Sin embargo, vale la pena subrayar que en la cocina no solo se encierra la madre para dar rienda suelta a sus frustraciones, sino también para aislarse y, a escondidas, rebelarse contra el poder de su marido mediante el cuchicheo y la risilla contenida, como vemos en los fragmentos dedicados a la visita del tío Óscar. En lo que respecta a las habitaciones, se sobrentiende que la entrada a la de los padres está vetada para los niños. En «La rendijita», el capítulo que cierra la novela, accedemos a esa estancia a través de Aqui, quien se ha colado a husmear y aguarda ahora con Damián escondido en el armario a que Padre vuelva a salir. Las habitaciones de los hijos se erigen como contrapunto representativo de la división estricta de la casa: mientras que el cuarto de los progenitores es espacio de privacidad (los sollozos de Padre en ese capítulo final ocurren sentado en la cama matrimonial), los dormitorios de los hijos son espacios públicos, es decir, abiertos al ojo externo (prohibido cerrar las puertas). De un día para otro, Padre veta ocupar los cuartos en horas diurnas y, en su lugar, obliga a pasar la tarde los seis juntos en la sala de estar. Después de todo, y como sostiene el personaje, «las camas son para dormir, digo yo, no para estar ahí metidas a oscuras, murmurando» (2022: 14). Como en el Wybrany College, aquí el aislamiento en el tiempo libre tampoco es beneficioso: hay que estar en compañía, qué es una familia sino eso. «No puede ser que cada uno vaya a lo suyo, sin convivir y sin comunicarnos», arguye el personaje, «¡no olvidéis que somos una familia!» (2022: 14), y las familias están por encima de todo juntas, unidas. La sala de estar se erige de este modo como espacio comunitario, que no es sino espacio donde ejercer una vigilancia permanente y desplegar la tecnología de la disciplina y su imposición de ritmos, gestos y hábitos. La vigilancia, recordemos, es un dispositivo de control que coacciona con la mirada. De ahí la importancia de identificar, para eliminar, los puntos ciegos, cualquier recoveco.[6]

La «vigilancia piramidal» de Foucault (2004: 126) aparece de nuevo en este texto, en el que se establecen relaciones asimétricas entre los integrantes de la casa en función de su categoría, conformándose una suerte de canal de control vertical en cuya cúspide se encuentra Padre. A continuación —por debajo— está Madre y, finalmente, los hijos. La cuestión de la primogenitura es patente en el texto, igual que la del género, pero que Damián hijo no se atreva a afeitarse hasta recibir una señal del padre muestra con concisión la existencia de la gradación a la que me refiero. La jerarquía es evidente en la estructura familiar, así como la verticalidad de la dominación planteada, lo cual no es óbice para la existencia de rebeldías ni para la variación de la disposición de las fuerzas con el tiempo, tal como lo prueba el propio relato. Las grietas (sospechas) terminan por aflorar con el tiempo en forma de preguntas de enunciación imposible: «Si Padre era un abogado tan importante, con tanto trabajo como decía tener, ¿cómo es que no iba a la oficina por las tardes? ¿Por qué no tenían televisor, como todo el mundo? ¿Por qué no podían salir a jugar a la calle con los demás niños?» (2022: 15). El castillo se resquebraja despacio y, con él, las particularidades de la casa emergen: el exterior encuentra vías de entrada y los niños van

---

[6] El recuerdo de Clara, la vecina, de sus visitas a la casa protagonista durante sus años de infancia no deja de ser revelador a la luz de lo que vengo apuntando: «Tanta cortesía y tantas preguntas, la sensación de estar siendo observada, de tener siempre una mirada en la nuca aunque no hubiese nadie atrás. Clara prefería que fuera Rosa quien subiera a jugar. Abajo se sentía constreñida» (2022: 161).

dándose cuenta de que el resto de las familias no son como la suya. Ante esa constatación, el fingimiento como forma de supervivencia: una personalidad bifurcada (dentro-fuera de casa) con un lenguaje, unos modales y una presencia también doble.

Sabemos, por otro lado —lo hemos visto en el tercer capítulo—, del papel de las normas y de las sanciones dentro de todo sistema disciplinario. En virtud de las normas creadas, se especifica una serie de delitos y de sanciones que tienen por finalidad, primero, reprimir y castigar las conductas que no se adhieran a lo establecido y, segundo, corregirlas hasta hacerlas coincidir con lo deseado. La casa de la novela no es, de nuevo, excepción. En cuanto que microsistema de disciplina, está regida por unas reglas de convivencia claras, que comienzan por las ya referidas restricciones y división en zonas, y que continúan con el encierro y el establecimiento de un horario estricto —«aquí, a las once como mucho, todo el mundo a la cama, sea invierno o verano, lunes o sábado» (2022: 123)—, por no hablar de los preceptos comportamentales —no levantar la voz, no decir palabras malsonantes, no tener secretos, no interrumpir y, sobre todo, mantener las emociones a raya[7]— o de la imposición de una austeridad espartana: en la casa no hay ningún tipo de *lujo*, ni televisión ni apenas juguetes; tampoco se hacen regalos. La casa es una unidad compuesta de sujetos que marchan en orden al compás de las manos en movimiento del Padre-dictador, un espacio en el que cada individuo ocupa el lugar que le corresponde y opera según lo

---

[7] La primera escena de «Todos los patos y los peces juntos», el capítulo dedicado al primogénito, es paradigmática en este sentido. Allí se nos cuenta que, por su decimoquinto cumpleaños, el adolescente recibe un traje de chaqueta. Enseguida se nos advierte de que el traje «no era exactamente un regalo —en esa familia, por prescripción moral, no se hacían regalos—, sino un símbolo del paso a la adultez», pero no es esto lo que nos interesa exactamente ahora —que también—, sino el hecho de que a Damián se le haya anulado la espontaneidad y, por tanto, no sepa cómo reaccionar: «Lo del traje estaba bien», leemos justo después, «pero no sabía cuanta alegría le estaba permitido mostrar. ¿Quizá un simple agradecimiento era lo correcto, una satisfacción grave y serena, acorde con su edad?» (2022: 61).

que se espera de él. En otras palabras: la casa como suerte de sociedad organicista, pero haciendo equilibrios. Porque lo he apuntado antes: los tabiques de la casa se tambalean con el paso de los años, la ficción se cuartea y, de repente, la visita de Rosa a la casa de su compañera de universidad abre, por comparación, las puertas a la posibilidad real de unas formas radicalmente *otras* de relación y de convivencia:

> El caos como un reverso apetecible de su propia familia, donde las reglamentaciones, el orden, la limpieza y la disciplina resultaban tan indiscutibles como asfixiantes. Allí todo el mundo hablaba por los codos, discutía, se interpelaba, se llamaba a gritos a la hora de comer, maldecía y blasfemaba, mientras que en su casa había que medir cada palabra, sorteando con cautela montones de restricciones. El contraste debió impresionar a Rosa, aunque, por aquel entonces, en cualquier sitio donde mirara encontraba contrastes. (2022: 34)

Todo es por el bien de los hijos, de la familia, del Proyecto: se trata de proteger y educar, aunque —sabemos también— las buenas intenciones no siempre son suficientes. El control, la disciplina y el encierro tienen consecuencias, y tío Óscar lo percibe enseguida. Por esa razón afirma que «los tres [niños] estaban marcados por una profunda y remota ignorancia, por la carencia de un conocimiento cabal de la vida más allá de esos muros» (2022: 114). Que la Rosa adulta reaccione ante las instrucciones telefónicas del supuesto marido de su excompañera de universidad con parálisis, temblor en las manos y sienes palpitantes es consecuencia de años de control (2022: 30).[8] También están la vergüenza, el silencio y la culpa. Los niños aprenden, conforme van creciendo, que es mejor callar que hablar (a excepción de Aquilino) para así ocultar *lo que está mal*, porque la aceptación viene solo de la obediencia, lo cual lleva inevitablemente, y de nuevo, al fingimiento (que no es sino vergüenza, silencio y cul-

---

[8] Con «los tres», tío Óscar se refiere a Damián, a Rosa y a Aquilino. Martina proviene de fuera, por lo que ella sí ha conocido el mundo real (exterior).

pa). En la casa familiar, vulnerabilidad y emotividad son sinónimos de debilidad, luego expresar lo que a una/o le ocurre por dentro es inconcebible: nadie se muestra tal como es, todos ocultan algo de sí mismos por miedo a decepcionar y por necesidad de encajar. Así, en el colegio, por ejemplo, los niños «simulaban ver los mismos programas que los demás, del mismo modo que simulaban recibir regalos en sus cumpleaños y en Reyes Magos. Habían aprendido a mentir con soltura y se guardaban mucho de hacer comentarios que pudieran delatarlos» (2022: 142). En la sala de estar, a su vez, «Damián estudiaba, Aquilino dibujaba, Rosa leía, Martina aprendía a jugar al ajedrez con un libro, Padre repasaba expedientes y Madre cosía» (2022: 15); sin embargo, un velo cubre enseguida la escena, el de «la intuición de que todos fingían, de que nadie hacía lo que en realidad quería hacer» (2022: 16). Padre es, en cualquier caso, el primer y gran fingidor, el verdadero maestro del engaño. Y es que, como he deslizado antes, admirar a Gandhi no te convierte en Gandhi, pues una cosa es la teoría y otra bien distinta, la práctica.

A tenor del párrafo anterior, que uno de los mayores problemas a los que deben hacer frente los personajes de la novela sea no disponer de palabras para manifestar lo que sienten o les ocurre no puede sorprendernos: las violencias en la infancia moldean la personalidad (lo vemos cuando los niños se hacen adultos), y hay sentimientos que avergüenza reconocer —la cobardía, por ejemplo—, sobre todo cuando se es incapaz de vencer la dificultad que entraña explicarlos, razón por la cual Damián actúa como lo hace con Clara, la vecina.

Sin embargo, el ejercicio del poder no se lleva a cabo solamente por medio de una vigilancia basada en el encierro, la división en zonas, el rango y la implantación de normas. El discurso es uno de los grandes mecanismos de actuación del poder, una forma más de control y domesticación del otro, pues lo atraviesa y permea, y en *La familia* esto es obvio. Como creo que queda patente en los distintos capítulos que conforman esta monografía, la problematización del lenguaje es persistente en la obra de la autora: la preocupación por lo que las palabras significan, por cómo se usan y por los efectos que tienen está siempre ahí. Igual que en *Cuatro por cuatro, Cara de pan* y *Un amor*, Mesa nos obliga en esta novela a prestar atención a la palabra dicha (al momento en que se dice, a su entonación y a sus connotaciones), pero también a la no dicha (a los vacíos, los supuestos, los sobrentendidos) en un trabajo de desnaturalización del lenguaje imposible de obviar.

Aquí, la cuestión del lenguaje se desarrolla fundamentalmente en dos planos. El primero, podríamos decir, es explícito en el texto, y tiene que ver con el significado de los términos usados. En este punto se abren varias vías: por un lado, el juego con las cursivas, que marcan la literalidad de la palabra. Ocurre por primera vez en la conversación telefónica que mantienen Antonio y Rosa, en la que queda fijado su funcionamiento: «De hecho, dijo [Antonio], se había estado acordando a diario y cuando decía *a diario* no era una forma de hablar, sino una realidad: *todos y cada uno de los días de todos aquellos años*» (2022: 28). En adelante, la tipografía marcará con cursiva determinados vocablos o construcciones sintagmáticas, sobre los que la lectora o el lector no podrá sino detenerse y atender a su significado *literal*. Por otro lado está el juego con la polisemia, mostrado en varios momentos de manera expresa, como ocurre en una de las escenas primeras del capítulo «¡En esta familia no hay secretos!», cuando Padre insta a Martina a no escribir con lápiz por ser una ordinariez. Justo a continuación, leemos lo siguiente:

> Lo dijo con tanta amabilidad que era imposible preguntarse a qué tipo de ordinariez se refería. En el colegio, Martina había aprendido que ordinario podía ser sinónimo de normal, pero había también otros significados, otros peores, a los que posiblemente aludía Padre. ¿Ordinario como eructar en la mesa, sacarse un moco o rascarse el pepe? (2022: 17)

Las palabras no son inocentes y la literatura de Mesa nos lo recuerda en cada página. Tampoco lo son, finalmente, el tono y la estructura oracional, esto es, la manera de decir, porque la forma también importa, por cuanto, al maquillarlo, modifica el contenido. Por eso en la terraza de la fiesta multitudinaria, Rosa, a pesar de atenerse a la verdad cuando le preguntan por la hija, confiesa que «no fue del todo sincera», pues «un halo de falsedad cubrió sus palabras, simplemente por el modo en que las usó, por lo que resaltó y lo que ocultó» (2022: 94). Nos relacionamos con el otro a través de actos comunicativos, por medio del lenguaje. Sin embargo, y como estamos viendo, el lenguaje está lejos de ser transparente, igual que sus efectos, algo en lo que indaga la obra de Mesa y que, otra vez, aparece también en *La familia*. Veámoslo de la mano de Rosa en esa misma fiesta, atendiendo al pasaje posterior al relato de sus circunstancias de vida:

> Rosa creyó que se había ganado el afecto, y quizá también la admiración, de sus oyentes. Más adelante ya no lo tuvo tan claro. Su historia tenía un resabio vulgar, casi ordinario. Son las mujeres incultas, las irrecuperables, quienes dejan atrás a sus hijos y combaten sus problemas mentales trabajando como mulas. A algunas de ellas los servicios sociales les quitan a los niños. Tal como contó su historia, Rosa parecía estar rozando ese límite. Quizá no obtuvo ni siquiera compasión. Quizá fue solo condescendencia, o la curiosidad que provocan los problemas ajenos. Quizá paternalismo revestido de asombro. Quizá nada. Quizá tal como se levantaron y se fueron a buscar otra bebida las chicas olvidaron todo. (2022: 94-95)

En el fragmento queda cifrado, me parece, el interés de la autora por examinar, desde el artefacto literario, el funcionamiento de las relaciones humanas. O sea, cómo nos relacionamos en sociedad: el lenguaje, los procesos comunicativos y la imposibilidad de su transparencia. Rosa no puede estar segura de los efectos que su relato ha causado en los otros porque, aunque se lo dijeran —que no es el caso—, siempre queda la grieta, el resquicio por donde asoma la patita el engaño o, como mínimo, el matiz, la imposibilidad de la precisión exacta: que lo que se dice, y cómo se dice, se corresponda *completamente* con lo que se siente y se quiere decir.

El lenguaje es imperfecto, su envoltorio endiablado (los códigos morales) y la multiplicidad de posibilidades interpretativas de un mismo enunciado (o relato) incontable, por no hablar del papel de los sobrentendidos y de los vacíos en la comunicación.[9] Por esto mismo la mayoría de los personajes de Mesa optan por callar o hablan poco: sospechan del lenguaje, los abruma la realidad insoslayable de la incomunicación con el otro y el poder de la censura moral. Y justamente por eso también son tan importantes las relaciones con los animales. El caso de *Un amor* es sintomático, pero acordémonos de la niña y del perro de *Un incendio invisible*, como ya indiqué, de los pájaros de *Cara de pan* o de *Perrita Country*. En *La familia* tenemos a Poca Pena, que es el perro de Mario, un hombre con problemas de alcoholismo que vive en el barrio de Rosa. Me interesa la constatación, en un momento dado, de que acaso con las especies no humanas sí sea posible la instauración de unas relaciones *otras*. Esto se produce a raíz de una situación de una incomodidad concreta: la que siente Rosa sentada en la calle

---

[9] Los ejemplos que a este respecto pueden extraerse de la novela son múltiples. Quedémonos con uno. En el capítulo «Buenas personas», un señor desconocido se aproxima a la Martina adulta que aguarda en el aeropuerto y se le sienta al lado. Le da conversación, comen y cenan juntos. Pasa el tiempo, pasean por las tiendas y ven un kimono de precio exorbitado. Él se lanza: «—Lo compro y te lo mando» (2022: 208). Ella se niega y explica: «Ese kimono tan caro y tan sofisticado, dice, no lo miraba para ella, sino para su mujer» (2022: 209). El intercambio de palabras que se produce a continuación apunta al centro de lo que venimos señalando:
«—¿Por qué no me lo dijiste antes?
—¿El qué?
—Que eres lesbiana, ¿por qué lo sueltas ahora, al final, y no lo dijiste antes?
[...]
—¿Por qué tenía que hacerlo?
—Porque yo te he contado mis problemas.
—Oh, ser lesbiana no es ningún problema.
Él resopla, rebusca en los bolsillos [...].
—Tenías que habérmelo dicho. Llevo toda la noche detrás de ti, intentando ser agradable y gustarte. Te vi en el hospital hace días y luego aquí y pensé que no podía ser una casualidad, que tenía que significar algo. ¡Y tú me propusiste tomar pizza juntos y fuiste tan amable y todo eso! ¡Con lo fácil que hubiera sido hacerme ver desde el primer momento que no era posible!
No hay reproche en su voz, solo amargura, desconcierto, tristeza. El labio inferior le tiembla un poco, como a los niños a punto de llorar» (2022: 210).

al lado de Mario mientras este se come un bocadillo que ella le ha comprado. La vergüenza que siente, sin embargo, no es tanto por el acto de caridad cuyo resultado está desarrollándose en su presencia, sino que, tal como leemos,

> era, debía reconocerlo, porque la vieran con él. Se rebelaba contra ese sentimiento tan horrible y por eso seguía sentada allí obligándose a tragarse la indignidad de ese sutil rechazo. Poca Pena contribuía a ayudarla; ella siempre podía acariciarlo y establecer un vínculo más sencillo, menos cuestionable. (2022: 85)

No hay mucho más que añadir, creo, ya que el fragmento habla por sí solo y señala a la perfección la contraposición entre la complejidad de las relaciones humanas y la simplicidad del vínculo humano-animal.

Decía más arriba que la cuestión del lenguaje se desarrolla en dos planos. El primero, relacionado con el significado de los términos empleados, como acabamos de ver. El segundo tiene que ver con el lenguaje como herramienta de control. El discurso es un mecanismo de poder que, a la vez que coacciona para fijar los cuerpos a la norma, implanta una visión determinada de la realidad que le permite recorrerla y dominarla. Esto mismo hace Padre: primero, imponer mediante la palabra; segundo, construir un relato sobre la realidad de acuerdo con sus intereses.

La coacción mediante el discurso es manifiesta en esta novela: Padre habla y la familia asiente, obedece. El discurso opera imponiendo unas normas concretas, es decir, fijando los cuerpos a la Norma. Sin embargo, Padre no es exactamente el jefe que grita a sus empleados o el profesor que castiga y humilla por no traer los deberes hechos. La imposición es mucho más sutil, porque, para empezar, es siempre por el bien del otro y, para seguir, ocurre sin estridencias, a media voz: «nunca una palabra más alta que la otra» (2022: 167). Como Gandhi, Padre promueve el principio de la no violencia en todos sus sentidos, solo que se olvida de ponerlo en práctica, ya que la retórica que emplea no es sino un acto de sometimiento por medio del lenguaje que busca imponer a través del convencimiento o el mandato directo. El manejo de la retórica permite enmascarar y distorsionar la realidad, y la elipsis, la metáfora y el eufemismo son sus recursos prototípicos. Padre es un buen retórico. Por eso, por ejemplo, «sin haber sido pronunciada una prohibición expresa, Rosa sabe que los novios no son bienvenidos en su familia. Que el mero hecho de tener novio, o de desearlo, es una aberración», porque «un novio significa sexo, y el sexo, ya se sabe, no existe. La misma palabra sexo es impronunciable» (2022: 126). Lo que no se dice no existe y, aquí, como en *Cuatro por cuatro*, el discurso crea realidad y quien lo domina determina lo que es normal y anormal, lo que es cierto y falso, lo que es justo e injusto. La disciplina, al final, funciona distribuyendo según el principio de lo permitido y de lo no permitido, elaborando una división entre lo normal y lo anormal, lo correcto y lo incorrecto, y operando sobre los sujetos mediante la vigilancia y el poder del discurso. Este terreno dual está, en la novela, configurado por el padre: es él y solo él quien, a través de la palabra, construye una visión del mundo concreta en función de la que queda fijado lo que está bien y lo que está mal, lo deseable y lo despreciable. ¿Y cómo es esa visión determinada de la realidad? Pues una realidad en la que la casa se erige como fortificación defensiva ante la mediocridad, la ligereza y la incultura del exterior. La justificación de la clausura: todo lo que viene de fuera es peligroso en tanto vendría a exponer la rareza del interior y, en último término, la manipulación ejercida. El lenguaje es fundamental en esto: se trata de una labor diaria de engrandecer, de distorsionar, de confeccionar la realidad, y esto ocurre mediante la selección de palabras y la manera de decir. Ahí reside la clave, en cómo se dice lo que se dice; en el cómo de los vacíos y de las interferencias; en el lugar del sobrentendido y la amplitud de la confusión. Fijémonos en la escena del aeropuerto, ya hacia el final del relato. Allí, una Martina adulta dialoga con un señor que la ha reconocido del hospital en el que Madre («No era mi madre. Era mi *tía*», corrige al desconocido

[2022: 197]) está ingresada, y este le comenta haber recibido, en los pasillos del mismo hospital, el asesoramiento de su tío (Padre) al respecto de un caso judicial en el que está involucrado. «Me dio unas indicaciones, unas pautas», matiza el hombre, y añade: «Por un lado, me quitó el miedo. Pero por otro me dejó muy descolocado, porque lo que él me recomendó que hiciera es justo lo contrario de lo que me aconseja mi abogado» (2022: 206). El desconocido, no obstante, determina fiarse del consejo de Padre: lo convencen, por encima de sus palabras, sus formas. Este es el motivo por el que, cuando Martina lo informa del malentendido —«Él no es abogado. ¿Te dijo que es abogado? Pues bien, no lo es» (2022: 211)—, el hombre confiesa haber sobrentendido su profesión «por cómo hablaba, por las cosas que me dijo» (2022: 212). El Proyecto es justamente eso: la construcción de una familia-mundo que gobernar y dirigir, un microuniverso hecho de palabra y silencio en el que Padre puede ser respetado y venerado; un escenario de cartón piedra, en fin, donde vestir el disfraz de lo que le gustaría ser y no es.

La desidealización de la noción burguesa de familia que lleva a cabo el texto literario a través de la radiografía del interior de una casa es firme. Incuestionables se presentan, asimismo, los paralelismos entre *Cuatro por cuatro* y *La familia*, esto es, entre institución escolar y familiar: terrenos idóneos para el ejercicio del poder disciplinario, para el enderezamiento de conductas, para la opresión, la sujeción, el moldeamiento. Pero recordemos también que las relaciones de poder suscitan necesariamente la posibilidad de una oposición, de un comportamiento desobediente. Ya en la página 25 de la novela sostiene Rosa, tras sus primeros días en la escuela como docente, la «crueldad» de «limitar» los movimientos de los estudiantes en ese «régimen carcelario que, más que aplacarlos, despertaba su rebeldía» (2022: 25). Ningún sistema disciplinario carece de fisuras: existen las desviaciones, las alteraciones en la relación de fuerza, los errores en la programación; las contraconductas o las pequeñas rebeldías de unos personajes, los de *La familia*, «sumisos en la superficie pero agitadísimos por dentro» (2022: 114), como Nat/Sieso. Las pequeñas rebeldías de unos personajes acorralados, desesperados por desatarse y nadar hasta la superficie para tomar aire y acaso escapar. Rebeldía y huida —ya sea esta interior o exterior— se entrelazan en la obra literaria de Mesa. Por eso Rosa sale a escondidas por las noches. Es un impulso, una reacción inconsciente, casi animal, al encierro y a la dominación, no «una elección que ella haya tomado con frialdad», sino un «mandato» que siente provenir «de la persona que anida en su interior, esa *desconocida*» (2022: 126). Padre consigue controlar a su mujer y a sus hijos (consigue que mientan y que se oculten), pero estos no son meras marionetas: hay zonas a las que no puede llegar, zonas que se mantienen intactas, de donde emerge la desobediencia en forma de robos en el caso de Rosa, de lectura de cómics en el de Damián o de mentiras en el de Martina, por ejemplo, unas mentiras que tal vez solo sean «cosas pequeñas, un poco locas» —como las que imagina y anota en su cuaderno la niña de *Cara de pan*—, pero mentiras de cuya formulación, en todo caso, «no podía contenerse» (2022: 185). Los integrantes del Proyecto, como el resto de los personajes de Mesa, ni son perfectos ni se conforman, sino que se contradicen y se revuelven —recordemos, «sumisos en la superficie pero agitadísimos por dentro»—: infringen las normas, sea el resultado bueno o malo, como ejercicio de subversión del sistema en el que están insertos, como forma de inadaptación a la estructura que los aprisiona.

Apuntes sobre cuestiones de clase y de género

A lo largo de las páginas de este libro, hemos constatado cómo, de alguna manera —a veces más soterrada, otras menos—, la clase social atraviesa la literatura de Mesa. En el caso de *La familia*, la cuestión de clase (o del desclasamiento, mejor dicho) resuena con claridad. De entrada, la periferia en la que se ubica la casa de los protagonistas define su adscripción de clase. El episodio de la colecta, que lleva por título «Todos los platos y los peces juntos», conduce a Damián y a su padre al exterior de la vivienda, lo que permite la ampliación del campo y la descripción del espacio:

> El barrio estaba lleno de bloques de pisos muy parecidos al suyo, de entre cuatro y seis plantas, con ladrillo visto en los bajos y el resto pintado de marrón o verde oscuro. Las terrazas enrejadas eran tan diminutas que parecían comederos de pájaros. Organizados en hexágonos, los edificios formaban pequeñas placitas entre sí, con naranjos y jacarandas que dejaban el suelo alfombrado de flores. Los niños, vigilados desde las ventanas por sus madres, jugaban en columpios de hierro donde se desollaban las rodillas o se abrían la cabeza cada dos por tres. Los mayores se saltaban la valla del colegio por las tardes para jugar en las pistas de fútbol. No había mucho más que hacer [...]. Damián todavía no lo sabía, pero aquel era un barrio humilde, casi pobre. (2022: 70)

Esta descripción —escueta, apenas un par de trazos, como es habitual en la autora— enlaza y a su vez encaja con la poca, pero significativa, información que tenemos del interior de algunas de las estancias de la casa familiar, por ejemplo, la salita, «con su mesa camilla, las seis sillas rígidas y el sofá tapizado con tapetes de croché, los cuadros de punto de cruz —naranjas y manzanas—, la estantería con los tomos de la enciclopedia Salvat en perfecto orden» (2022: 16). Se trata, en efecto, de un barrio de aluvión, en las afueras de la urbe, cerca de la autopista, y de una vivienda austera, sin duda, pero también anticuada. ¿Qué se colige de estas señales? Un precario poder adquisitivo, de común relacionado con bajos niveles de educación y unas formas de pensar y de actuar concretas.

Tanto Laura como Damián provienen de familias obreras. A ella la encandilaron los aires elegantes y selectos de él, insólitos en su entorno: operan creando el espejismo de la diferenciación de clase. Pronto descubre, sin embargo, que ese supuesto «mundo distinguido» de él es, «en términos económicos, muy parecido al suyo» (2022: 55). Así, un solo viaje a casa de los suegros es suficiente para comprender que

> la diferencia solo radicaba en el carácter de esa familia, en su evidente superioridad intelectual. Eran bajitos y enjutos, pero parecían caminar un metro por encima de la acera, sorteando la grosería y la

falta de cultura, la codicia y el egoísmo. Hablaban muy despacio, en voz baja, utilizando palabras elevadas y precisas, y aseguraban amar los diccionarios. [...] Comían con frugalidad, eran abstemios y se acostaban temprano. No tenían televisor. Jamás se gritaban, pero por debajo del diálogo —o de cómo se llamara aquello que hacían cuando hablaban— fluía una corriente arremolinada y tensa, como a punto de desbordarse. (2022: 55)

El origen del modelo que sigue Padre para su Proyecto se manifiesta con transparencia en el pasaje. Y es que la familia paterna parece haber interiorizado en profundidad que, como sostiene Bourdieu, «las diferencias de capital cultural marcan las diferencias entre las clases» (1998: 66). La exposición de conocimientos y prácticas reconocidas de la clase distinguida por parte del padre no son sino la única manera de desclasamiento posible, dada la carencia de una titulación académica —«condición de acceso al universo de la cultura legítima», al decir de Bourdieu (1998: 26)— y del poder económico necesario para «la cosmética corporal, el vestido o la decoración doméstica», que constituyen, de acuerdo una vez más con el sociólogo francés, «otras tantas ocasiones de probar o de afirmar la posición ocupada en el espacio social» (1998: 55). Padre lucha contra su marca de origen social mediante la constante autoproducción de un *habitus* cultivado que le permita diferenciarse; un *habitus* de clase construido, más que sobre el contenido (adquisición real de competencias), sobre las formas (cómo llevarlas a la práctica). El *habitus* autoproducido —imposible de sostener, de ahí los llantos sobre la cama de matrimonio[10]— se funda, entonces, sobre el rechazo de lo común o genérico o, mejor dicho, sobre la

---

[10] Afirma Bourdieu que «los esquemas del *habitus* [...] deben su eficacia propia al hecho de que funcionan más allá de la conciencia y del discurso, luego fuera de las influencias del examen y del control voluntario» (1998: 477). El autocontrol de Padre de estas disposiciones interiorizadas llamadas *habitus* es, como digo, insostenible en el tiempo en la medida en que son, desde el punto de vista de las condiciones objetivas, artificiales.

imitación de las formas y gustos de la clase distinguida (acciones y gestos *enclasantes*): la manera de hablar (el tono, las palabras empleadas, la dicción), de colocarse y comportarse en la mesa, de caminar, de dirigirse a los desconocidos; los gestos, la mirada, la ropa. Todo un cúmulo de disposiciones a actuar y valorar encaminadas a la distinción, al desclasamiento simbólico hacia arriba en un espacio social de clase obrera.

Es momento de retomar algo indicado en los inicios de este capítulo: que el humor se produce en la novela desde distintos lugares y que uno de ellos es la figura del padre. La caída del Proyecto es la caída, asimismo, del disfraz del progenitor; la ruptura de la apariencia que da paso a la constatación del desclasamiento fallido. El padre es un personaje que ha cogido el gusto burgués anacrónico como prototipo: el traje como vestimenta dentro y fuera de la casa, el hablar engalanado y las formas solemnes, los títulos colgando de las paredes de un despacho sagrado y prohibido para el resto... Pero es necesaria una mirada exterior para que se produzcan los contrastes y, en último término, la (son)risa. En su condición de foráneo, el tío Óscar cumple justamente esa función, evidenciando su mirada distanciada y ajena las anomalías del padre.[11] Es, en definitiva, el anacronismo o, como bien advierte Damián hijo, lo «desencajado» del padre —que parece no darse cuenta «de la hosquedad ni de las burlas [...], como si entre él y el mundo se abriera una profunda brecha, o, para ser más conciso, entre lo que él pensaba y lo que verdaderamente ocurría» (2022: 72)— lo que produce el efecto cómico.

Sin duda ridículo en varios momentos de la novela, este padre, no obstante, ejerce un poder indiscutible sobre su familia por medio

---

[11] «—*Os ruego que me disculpéis* —dijo el tío Óscar más tarde, remendándolo [al padre]—. ¿Por qué tiene que hablar así? ¿Lo hace todo el tiempo?

Marina, que acababa de entrar a coger un vaso de agua, se rió [*sic*] entre dientes. Madre lo reprendió.

—Por Dios, Óscar, delante de los niños... Me vas a buscar una ruina.

Pero ella también estaba alegre» (2022: 109).

del espacio y del lenguaje; un poder que, en el caso de la madre, se transforma en violencia no solo psicológica. La desigualdad de género como elemento articulador de la narración saramesiana es visible en diversos momentos del relato, como veremos ahora.

En el capítulo anterior, decía que la lógica androcéntrica que rige nuestras relaciones sociales es una lógica según la cual más completa o exitosa es la idea de masculinidad cuanto mayor es la dominación que se ejerce sobre el opuesto femenino. De acuerdo con Segato, «el mandato de masculinidad exige al hombre probarse hombre todo el tiempo; porque la masculinidad […] es un estatus, una jerarquía de prestigio, [que] se adquiere como un título y se debe renovar y comprobar su vigencia como tal» (2018: 40). Benoîte Groult apunta, en la misma línea, que «la negativa casi visceral de los hombres a admitir la menor invasión de sus privilegios» es en realidad «una reacción instintiva, inconsciente, de una necesidad desesperada de mantener la supremacía que […] se considera como la esencia de la virilidad» (1978: 26-27).[12] La asimilación de las desigualdades es tal que «la fuerza del orden masculino se descubre en el hecho de que prescinde de cualquier justificación: la visión androcéntrica se impone como neutra y no siente la necesidad de enunciarse en unos discursos capaces de legitimarla» (Bourdieu, 2000a: 22). O, en palabras de Marta Sanz, se trata de unas desigualdades que «tenemos tan interiorizadas que a menudo ni siquiera las llegamos a percibir» (2018: 27). El sistema funciona como una máquina gigantesca a la que inconscientemente damos cuerda con nuestras prácticas diarias. Hay, entonces, y por supuesto, esa grasa que nos cubre la piel de la que habla Sanz, «una grasa rancia que viene de lejos, y nos encorva la espalda por acumulación sin que un individuo en particular tenga la culpa de nuestro doloroso encogimiento» (2018: 37), pero hay también culpables con nombres y apellidos, huesos,

---

[12] «El primer antagonismo de clases que apareció en la historia coincide con el desarrollo del antagonismo entre el hombre y la mujer en la monogamia; y la primera opresión de clases, con la del sexo femenino por el masculino» (Engels, 2012: 120).

piel y pelo; rostros concretos, acciones concretas. Lo hemos visto en el capítulo anterior, cuando la lente de la cámara se ha posado sobre las relaciones entre Nat y su casero para destacar, sobre todo, los modos en que el dominador asegura la perpetuación de su superioridad a través de pequeños actos de reafirmación. *La familia* sigue esa misma estela, pero con notables diferencias. ¿La primera y más sobresaliente? Las particularidades de este sujeto dominador, pues este es un personaje, a juzgar por su discurso, de ideología política de izquierdas. Así, y por ejemplo, en su «inagotable misión de iluminar […], de encauzar […] hacia la verdad» (2022: 48), Padre insta a sus descendientes y a su mujer al cultivo de la mente; esto es, a estudiar, porque la educación lo es todo. En el caso de la mujer, la empuja, matiza en un momento dado, a «estudiar de verdad, en la universidad, como en los países soviéticos» (2022: 50). Sin embargo, no todas las carreras son aceptables: los estudios de derecho no, porque «para eso hace falta concentración, memoria y disciplina», y Laura, según Damián, es «más sensibilidad que método» (2022: 50);[13] por otro lado, mejor estudiar desde casa, a distancia, de modo que él pueda ser su tutor y estar pendiente de sus tareas y evaluar sus conocimientos, como Knut en *Cicatriz*.

De más está señalar que Laura jamás llega a cursar estudios universitarios: su destino es el interior de la casa o, más concretamente, el interior de la cocina. Espacios y roles están, sí, bien definidos dentro del hogar familiar de Damián. Laura es una mujer aislada, atrapada y sometida; una fuerza de trabajo no remunerada anulada por las paredes del piso. El capítulo que lleva por título «Resistencia» asienta las bases de la relación matrimonial, y en él quedan patentes algunas de las técnicas seguidas por el maltratador para la sujeción de la víctima. El aislamiento del dominado es una de estas técnicas, uno de los primeros movimientos realizados por el dominador, puesto que, cuanto más sola esté la víctima, más fácil será controlarla

---

[13] No incido en ello porque son harto evidentes aquí y conocidas las categorías tradicionalmente asociadas a cada uno de los géneros.

y menos posibilidades habrá de que reaccione ante la dominación, puesto que carecerá del apoyo (red)

> de su madre y su hermano mayor, pero también de su hermana, a pesar de lo unidas que habían estado de niñas. […] No hubo ningún motivo claro. Sencillamente, su hermana dejó de ser bienvenida en su casa, no a causa de una prohibición expresa, por supuesto, sino por la incomodidad viscosa que se creaba en cuanto aparecía, por cómo se adensaban las palabras y los gestos cogían peso, por los silencios que se creaban y los nuevos significados de las cosas normales, que ahora se volvían sospechosas y molestas. (2022: 54)

El espacio privado, la reproducción de la familia y los cuidados. Esa es Laura, o esa pretende Damián que sea Laura, porque una cosa es lo que se dice y otra lo que se hace; porque Padre puede hablar durante horas de la libertad de los pueblos, pero apenas le dedica dos minutos a la libertad de las mujeres; porque se puede ser de izquierdas, en suma, y no contemplar siquiera a la otra mitad de la población. Él la quiere en su lugar, que es dentro de casa, recluida, donde pueda controlarla, donde el miedo a la posibilidad de la comparación con el exterior desaparezca. Y la quiere, además, cumpliendo con sus responsabilidades de mujer, en otras palabras, cumpliendo con el trabajo reproductivo. El Proyecto es un proyecto de familia, y ¿acaso existe una familia sin hijos? No. «Para fundar una familia hace falta que nazca un hijo. Y cuantos más hijos haya, más vínculos de sangre, *más familia*» (2022: 52). Por eso nace Damián y la alegría es inconmensurable, pero con uno no es suficiente, por mucho que sea varón. No importa que ella tenga depresión posparto, que se niegue a darle de mamar y a compartir la cama con el cónyuge: hay que seguir procreando, aunque todo parezca desmoronarse, aunque sean los años «de la Resistencia, época a veces también denominada la Guerra» (2022: 49), y aunque emerja la violencia física. Estará justificada, ¡es la familia!

Laura se revuelve tras el primer parto. Por eso el capítulo se titula como se titula, y «como un animal al que le arrancaran el pelaje, apareció lo que escondía tras toda aquella capa de buena educación y sumisión: una fiera» (2022: 47). Una fiera que rehúsa no solo dar el pecho, también hablar y levantarse de la cama; una fiera que, con repugnancia, manda al marido a dormir al sofá. Discusiones, gritos, irritación. «¿De dónde nacía aquella rebeldía?», se pregunta consternado Damián. La incomprensión es máxima y el miedo total: «Sintió que perdía el control», confiesa, y, ¡ah, sorpresa!, «hizo cosas que, solo unos meses antes, hubiesen sido impensables en él» (2022: 57). ¿Qué cosas? «La abofeteó» (2022: 58). ¿Por qué? Porque ya estaba bien, porque él *tiene derecho* a dormir con su mujer y «debía hacer valer sus derechos de hombre, de marido. Ella lo ultrajaba comportándose así, como si fuese un violador o un extraño» (2022: 57). Pero es que él no es en verdad otra cosa que un extraño (un impostor) y un violador, como pronto descubrimos, pese a que Laura se niegue a llamar a las cosas por su nombre (porque la violación intramatrimonial existe y se llama así).[14]

El personaje de Laura es complejo, igual que es compleja su situación. De un lado, es una mujer frustrada, infeliz, silenciada y aniquilada, sometida por entero al marido; del otro, una madre moralmente ambigua, en la medida en que no protege como debiera a sus hijos. Las contradicciones son múltiples y los reproches posibles desde la grada también, pero la realidad es que hay determinadas circunstancias sociales que son arduas de sortear y no todas las víctimas pueden ser superheroínas. El trazo de Mesa une justamente los puntos que conforman esa línea, la incómoda: las víctimas no son perfectas y no se les puede pedir que lo sean. ¿Cómo huir sin red ni independencia económica? ¿Cómo no encerrarse en la cocina a desahogarse con los cacharros si apenas se sale de casa? ¿Cómo no terminar gritando

---

[14] La escena de la violación, desestabilizadora por la selección terminológica y la brevedad de las oraciones, ocupa apenas unas líneas, de ahí que la reproduzca a continuación: «Él se echó sobre ella. La aplastó contra el sofá. Sus ojos tenían un destello lobuno, depredador; ella, en consecuencia, se convirtió en una oveja a punto de ser devorada. Una carnicería, una matanza. ¿Una violación? No, de ninguna manera Laura la habría calificado de ese modo» (2022: 59).

improperios en la vejez, tras décadas de sujeción física y subjetiva? Cuidado: «hay un tipo de incomprensión que siempre va ligada a la censura moral» (2022: 174), y esa puede ser la nuestra.

Estas páginas estarían más incompletas si no me refiriera, aunque sea sucintamente y para acabar, a los efectos del patriarcado en el sujeto masculino; quiero decir, a las imposiciones históricas con las que, en forma de expectativas, cargan los hombres y sus efectos nocivos. Y es que, en el retrato poliédrico del aparato familiar (social) que es *La familia*, hay espacio asimismo para la reflexión en torno a los imperativos de la masculinidad hegemónica, visibles en las figuras de Damián padre y Damián hijo. Sobre el padre, poco más se puede decir: al final, toda su impostura responde a la necesidad de cumplir con esas expectativas (crear una familia, proveerla y liderarla; represión emocional, dominación, fortaleza y primacía del esfuerzo y del trabajo). La escena que pone fin a la novela —la visión del llanto sobre la cama de matrimonio a través de la rendija del armario— es el desenmascaramiento último, la exposición pública de la realidad de un hombre exhausto y sobrepasado.

Damián hijo carga, por su lado, con la primogenitura, que no es poco dentro de la estructura familiar tradicional. El estereotipo sexista palpita en casi todas sus apariciones, dadas las carencias de su constitución física y personalidad con respecto del modelo. El sobrepeso y la debilidad de carácter enervan a Padre, pero también «la piel tan blanca —como cruda—, la redondez de los ojos azules, ¡las pecas! —que nadie más tenía—, los andares de cerdito y la torpeza de las manos, que no agarraban con fuerza» (2022: 64). Damián no cumple con lo que se espera de él por mucho que lo intente; por mucho que acepte, sumiso, desprenderse de sus cómics o matricularse en la carrera de matemáticas, a pesar de no gustarle. La validación del padre jamás llega, porque Damián nunca es —ni será— suficiente. Y entre los hermanos ocurre lo mismo: la personalidad arrolladora de Aqui, el menor, le pasa continuamente por encima, en tanto que la rebeldía de Rosa lo desequilibra hasta hacerlo caer (a la postre, es ella, y no él —a quien por edad correspondería—, quien sí se atreve a confesar su intención de dejar los estudios). Damián se ahoga, se hunde un poco más con cada paso que da. Pero él es tan solo uno de los resultados del Proyecto, uno más dentro del abanico de posibilidades resultantes que son los niños de la novela, productos todos ellos de la actuación de un aparato que no por sagrado puede ser menos dañino. La familia.

Capítulo 8
La mesa la pusieron
en mitad de la nada

(Oposición)

Durante la escritura de este libro se ha publicado la octava novela de Mesa, titulada *Oposición*. Eludirla habría sido torpe y deshonesto, así que cierra este recorrido por la producción novelística de la autora este último capítulo, concebido nada más que como mera y tentativa aproximación a la historia de Sara —narradora de *Oposición*— en la oficina de la administración pública a la que accede como interina.

En esta nueva novela se repite el esquema al que Mesa nos tiene acostumbradas y acostumbrados. Sí, el que responde a la necesidad de una mirada externa: a través de los ojos de un personaje recién llegado a un lugar —en este caso una oficina—, se narra su funcionamiento (las normas y los códigos que lo rigen, las dinámicas que lo mueven, las relaciones que se establecen, etc.). Sara (*Sada*, para las y los compañeros) es una chica joven, recién graduada, que acaba de incorporarse a un puesto en la administración con una interinidad por vacante. Está contenta: tiene ganas de trabajar, las condiciones son buenas y el dinero le permitirá sortear la precariedad. La novela arranca con su primer día de trabajo; más concretamente, con la presentación de su espacio de trabajo: una mesa «en mitad de la nada, en un lugar de paso, sin ventanas» y, encima, un ordenador con teclado y ratón (2025: 11). Las instrucciones: aguardar a la asesora jurídica, a cuyas órdenes estará sujeta. Nada más. ¿Cuánto tiempo? No se sabe. Toca esperar en la silla. La soledad (un funcionario que pasa, de repente, y apenas saluda), el estómago que ruge de hambre, la vista perdida en la pared de enfrente, el móvil como reclamo de vez en cuando… Aburrimiento, en definitiva. Y así, podríamos decir, hasta la última página. «Yo llegaba unos minutos antes de las ocho, daba los buenos días al ordenanza y me iba a mi mesa. Soltaba las cosas y me ponía a esperar» (2025: 17). Trabajo inútil: calentar una silla, nunca mejor dicho.

Oposición es una novela que trata de contar la administración desde dentro. Es, en otras palabras, un texto sobre ese gran misterio que constituye —por lo menos, desde Larra— eso que llamamos burocracia, pero es también —y de nuevo— una obra donde aparecen cuestiones como la preocupación por el lenguaje, la opresión, las relaciones de poder, y la culpa o la vergüenza.[1] El libro es una suerte de cuaderno de campo o diario de Sara, quien escribe en primera persona (algo poco habitual en Mesa) su rutina en la ad-

---

[1] Su vinculación temática con el ensayo que Sara Mesa publicó en 2019 titulado *Silencio administrativo* es indiscutible, pero la verdad es que el tema de la burocracia aparece, de una manera u otra, también en novelas como *Un incendio invisible* o *Cicatriz*, y siempre representada como sistema artificial desajustado con respecto de la vida real. Por otro lado, resulta claro, creo, el juego establecido entre *Silencio administrativo* y *Oposición*, en la medida en que se complementan como si de dos caras de la misma moneda se tratara: de un lado del metal, atendemos a las violencias burocráticas desde fuera (el ensayo); en el restante, entrevemos la puesta en marcha de esas tecnologías, su sinsentido y, lo que es casi más importante, los efectos en quienes las ponen en funcionamiento (la novela). En cualquier caso, pienso que, si en algo brilla *Silencio administrativo*, es en mostrar lo ideológico del sistema burocrático. A esto mismo apunta David Graeber en *La utopía de las normas* (2015) cuando sostiene que, a pesar de que tendemos a pensar en la burocracia en términos de imparcialidad —«maneras de ir del punto A al B [que] carecen de implicaciones, no importa lo bueno o malo del asunto» (165)—, en realidad, «rara vez es neutral; está casi siempre dominada por favores o grupos con ciertos privilegios sobre otros (a menudo, grupos raciales)» (184), pero también, y como bien explicita el ensayo, de clase y de género.

ministración. Del uso de esta primera persona se derivan algunos detalles formales de la obra: la multiplicidad de registros que adopta, pero también una menor concisión y silencios. El emborronamiento y las elipsis ceden aquí cierto espacio a una escritura más directa y a frases algo más largas. El texto, por otro lado, está poblado de dibujos: los dibujos que, en su jornada laboral, realiza la protagonista e intercala entre sus notas.

Estamos ante una suerte de diario de campo, decía hace un momento, así que la novela se estructura como tal: un bloc de notas conformado por una consecución de entradas cronológicamente lineales y separadas por espacios en blanco. Su contenido: observaciones y dibujos que trazan el viaje emocional de quien escribe, la protagonista. Si alejamos el *zoom*, aparecen cuatro grandes secciones de extensión más o menos uniforme tituladas igual que distintas fases de procedimientos administrativos: «Iniciación», «Pliego de cargos», «Pliego de descargo» y «Terminación». En la base: el tedio, sobre todo, o la monotonía, que lo impregna todo. Pero el libro no es ni laberíntico ni puede tildarse de monótono, al contrario que la burocracia objeto de su atención. Y es que el texto es capaz de describir el aburrimiento sin ser aburrido; capaz de delinear el laberinto sin resultar laberíntico. El ritmo se ralentiza en algunas secciones, es cierto, pero no por ello disminuye la tensión ni se evapora la inquietud.

Vuelvo ahora al esquema inicial: mirada que procede del exterior para contar el funcionamiento del interior. ¿Por qué? Porque solo los ojos de alguien ajeno pueden narrar con extrañamiento, como Bedragare, como Tejada, como Nat, como Martina y tío Óscar. La ingenuidad de Sara es la que choca sobremanera con lo que se encuentra dentro: el microuniverso del funcionariado, incomprensible para quien no pertenece a él (para quien acaba de llegar). Decía más arriba que *Oposición* relata la administración desde dentro, pero, insisto, con una mirada particular. No serviría la de cualquiera de los otros personajes del texto, pues su familiarización con las reglas del juego de la oficina eludiría el choque y, con ello —me adelanto— se difuminaría parte de lo humorístico del relato.

Sara entra en el microcosmos habitado por el funcionariado, seres espectrales algunos, como el jefe de negociado dos, suerte de autómatas el resto. Y en ese microcosmos hay normas: la primera, cumplir las órdenes recibidas; la segunda, actuar según los protocolos y de acuerdo con los procedimientos. No importa si nadie lo entiende: cuestionar métodos o instrucciones no está permitido (sencillamente, no tiene sentido: es así y punto), pues, por encima de cualquier otra cosa, está «preservar las garantías procedimentales y la seguridad interna» (2025: 34). Tampoco está bien visto señalar contradicciones, aunque estallen a cada minuto. Algunos ejemplos: Sara ocupa un puesto creado para aliviar a la asesora jurídica; sin embargo, leemos, «ahora mi presencia le suponía una tarea más que aún no había tenido tiempo de afrontar» (2025: 17), a pesar de que, como descubrimos después, esta asesora (Teresa) tampoco parece tener tanto trabajo; Salu es secretaria de Echevarría y entre sus funciones está la de transcribir las grabaciones de las reuniones de su jefe, aunque nunca nadie las lea («a mí me pagan lo mismo las lean o no», responde la secretaria; «Y, además, este es mi trabajo, añadió con mucha dignidad» [2025: 46]); para obtener una cita previa se requiere una documentación para cuya obtención se precisa asimismo una cita previa; finalmente, la instalación de un programa necesita solicitud previa a través del mismo programa. Contradicciones o tareas redundantes, procesos circulares: contrasentidos, absurdos. Absurdos kafkianos —recordemos el relato «Ante la Ley» (1915)— como el de esperar ante la puerta del despacho de Echevarría durante días —incluso «sin la seguridad de que Echevarría verdaderamente estuviera dentro» (2025: 44)— hasta el punto de que, como cuenta la protagonista,

> esperar frente a aquella puerta se convirtió en parte de mi trabajo, en tanto que ocupaba mi jornada laboral, es decir, era un tiempo remunerado aunque a efectos prácticos yo no estuviese haciendo absolutamente nada. Mi mirada se limitaba casi en exclusiva a la puerta, que percibía con una agudeza que dolía. Era capaz de captar todos los detalles al mismo tiempo y también por separado, aislándolos para inspeccionar cada matiz. Observaba, por ejemplo, una mancha

> que había en la parte baja [...]. La miraba y miraba y me obsesio-
> naba con no mirarla, o me obsesionaba con limpiarla, y empezaba
> a preguntarme si podría aprovechar cualquier ausencia de Salu para
> frotar a toda velocidad y eliminarla, como si la desaparición de
> aquella mancha fuera la auténtica razón de mi espera. (2025: 44-45)

Tras varios días, el superior la recibe, «aunque no parecía tener mucho que decir. Me despachó muy rápido explicándome en voz más alta de lo necesario cosas que yo ya sabía» (2025: 48). La reunión y, por ende, la larga espera, han resultado estériles. Sara ha *perdido el tiempo*, aunque la realidad es que tampoco tenía nada *mejor* que hacer. Y esa es la cuestión: la joven no hace nada productivo (con sentido, trabajo con valor) y, aun así, recibe un salario, pero su inactividad no es intencionada, sino que emerge sencillamente de la falta de tareas asignadas. No tiene instrucciones que seguir, no hay trabajo —como dice la protagonista— «tangible y demostrable» (2025: 52): «¿qué había hecho yo en los más de dos meses que llevaba ahí? Nada» (2025: 49). Por eso comienzan los dibujos, los poemas, los juegos con las palabras, los ejercicios fonatorios y, finalmente, la redacción de informes falsos. Puro aburrimiento.

Si, como demuestra Elisa Martínez Salazar (2024), pueden rastrearse numerosas relaciones entre las obras de Kafka y las de Mesa —sobre todo *Silencio administrativo*—, no son escasas las que pueden establecerse con *Oposición*.[2] Ya nos hemos detenido

---

[2] En «Sara Mesa en el laberinto de lo kafkiano: una lectura comparada», Martínez Salazar analiza la obra de la autora a la luz de Kafka, prestando especial atención a *Silencio administrativo* y explorando cómo, a pesar de sus diferencias estéticas, comparte con el checo, entre otras cosas, el interés por desenmascarar «el ejercicio del poder sobre el individuo en distintos niveles: el familiar, el laboral, el social, el de las administraciones públicas» (2024: 54). Entre los elementos o temas que, de acuerdo con Martínez Salazar, ligarían la producción literaria de Mesa con la de Kafka están la cuestión de la obstaculización, el control a través de la vigilancia, los con-textos de inadaptación, las relaciones familiares opresivas y patriarcales, lo animal y lo grotesco, la mirada forastera y la tensión entre escritura y vida.

en una que tenía que ver con la imagen de la puerta. Otra más general y evidente es el interés por representar en la ficción el laberinto burocrático, o la obstaculización con la que se topa la ciudadanía a la hora de seguir un procedimiento con la administración. En el citado ensayo de Mesa, la burocracia se retrataba desde fuera; aquí, y como ya he señalado, el retrato se dibuja desde dentro. Lo absurdo de los procesos burocráticos y la espiral interminable a la que conducen se explicitan en numerosas ocasiones, así que nos vale con una para dar buena cuenta de ello. En la oficina de la novela, pocas cosas parecen ser funcionales, pero nadie las cuestiona, ante la sorpresa y desesperación de la protagonista. «Había tantas cosas que yo no sabía. Con el tiempo, empecé a sospechar que ni las sabía yo ni las sabía nadie» (2025: 103), pero poco importa, pues los procedimientos —«tecnologías burocráticas» en la terminología de David Graeber (2015)— han dejado de ser medio para pasar a ser fines en sí mismos. En la administración pública de la diégesis, las cosas se hacen como se hacen simple y llanamente porque así se han hecho siempre. El gasto de tiempo y de recursos que comporte carece de interés: la burocracia es una rueda engrasada que nada ni nadie se atreve a atascar. En ese contexto, las preguntas se lanzan al vacío: «¿Por qué se seguía un procedimiento? Porque se había seguido desde hacía años. ¿Por qué se requerían y almacenaban datos que jamás se consultaban? Porque era la costumbre. ¿Por qué determinado trámite debía ser aprobado antes de realizarse si la respuesta siempre era afirmativa? Porque a alguien, algún día, debió de parecerle buena idea» (2025: 104). Y punto. Ahí reside la tragedia silenciosa que dicta la lógica de las normas cuando se impone con rigurosidad.

El laberinto, por otro lado, queda insinuado asimismo en la portada del libro, toda una pesadilla kafkiana que alude tanto al proceso de oposición (opositar para tener una plaza fija, de ahí la mujer con los papeles en la mano subiendo esa suerte de escaleras), como a la acción y el efecto de oponerse, de la que se derivan las direcciones contradictorias de los dedos de la mano. Pero la estética del fracaso tan propia del checo, y que, siguiendo a Martínez Salazar, sí se cumple en *Silencio administrativo* por cuanto, al final, el laberinto no se llega a resolver y la mujer a la que se intenta ayudar continúa en la calle, parece truncarse en el desenlace de *Oposición*, liberando en principio a la protagonista de la vida gris y cabizbaja del oficinista.

Puro aburrimiento, decíamos, el de una jornada laboral en la que apenas hay nada que hacer y una tríada que no tarda en aparecer: el tedio, el desencanto y el malestar, porque la inactividad es insoportable y no trabajar —o fingir que se trabaja— cansa a veces más que trabajar. Frustra, deprime. También la consecución de tareas cuya finalidad es desconocida o el cumplimiento de procesos en espiral. La opacidad. Sin embargo, la rutina puede con todo y lo pervierte, y día tras día en la oficina de *Oposición* terminan transformando a Sara, a quien ahora le parece normal —por corriente— lo que antes disparatado y arbitrario. Sara sufre una *metamorfosis*, se amolda, se mimetiza, se convierte en una funcionaria más: «de alguna manera, me iba apropiando de mi parcelita de terreno, ese rincón en mitad de la nada que al principio me había resultado tan hostil y que ahora ya era mío» (2025: 105). No es necesario entender lo que se hace (para, en última instancia, darle un sentido), tan solo ejecutar (en caso de que haya algo que ejecutar). Podríamos decir que la novela es, en este contexto, el viaje interior o la transición interna del personaje hacia lo que Remedios Zafra denomina «tristeza burocrática» en *El informe* (2024).[3] Con el sintagma se refiere Zafra a la desafección laboral o desgaste emocional (más que físico) producido no por el exceso de trabajo, sino por su burocratización; esto es, por su mecanización y carencia de sentido. Pero «el desapego», escribe la autora, «no solo viene del exceso burocrático, sino que a menudo nace también de su irracionalidad, cuando a todas luces lo que se nos pide resulta redundante o contradictorio, no motivado

---

[3] «Con cada absurdo crece el desafecto, y si se pierde el hilo de sentido que nos une a estos trabajos, ¿qué vacío nos espera?» (2024: 106), se pregunta Zafra en los inicios del citado ensayo. Una respuesta posible: el vacío de la protagonista de la novela, Sara.

por un sentido honesto, sino por un automatismo de obediencia acrítica» (2024: 122). En *Oposición* son rastreables distintas formas de esa tristeza burocrática, pues si por un lado tenemos a Sara, por el otro están Teresa —su superior— y Beni, modelos de robotización distintos al de, por ejemplo, el fantasma-jefe de negociado dos.

En un momento dado, escribe la protagonista que, «de tanto estar aquí, esto se ha convertido en mi universo, alguien me ha abducido de mi mundo anterior, quizá yo misma» (2025: 176). El sistema cambia a las personas, y los modos o los mecanismos en virtud de los cuales se producen esas transformaciones es algo que interesa a Mesa desde sus inicios (pensemos en *Cuatro por cuatro*). Aquí, el sistema es la administración pública y su tiranía la de la lógica robotizadora; el espacio, una oficina. La repetición de la nada es la condena, de ahí la proyección pesadillesca de un futuro donde Sara, la protagonista, se ha convertido en una mujer envejecida cruzando eternamente el mismo pasillo, «cada vez más canosa, con la espalda más ancha y encorvada, una yo de cuarenta, de cincuenta, de sesenta años, con las tetas caída y papada. [...] Las escenas que me reservaba el destino eran prácticamente idénticas», por eso —termina—, «pensé: estoy muerta» (2025: 176). Muerta, por cuanto habita un espacio sin tiempo (o donde el tiempo parece no transcurrir).[4] Es el espacio y tiempo al que abocan los llamados «trabajos de mierda» de David Graeber, definidos como «empleo tan carente de sentido, tan innecesario o tan pernicioso que ni siquiera el propio trabajador es capaz de justificar su existencia, a pesar de que, como parte de las condiciones de empleo, dicho trabajador se siente obligado a fingir que no es así» (2018: 37). Se trata de un trabajo inútil —sin valor social positivo—, por lo que trabajador/a y puesto de trabajo podrían desaparecer y no pasaría nada. Subrayo

---

[4] De ahí que los gatos que viven alrededor del edificio parezcan no crecer. «Una mañana, al entrar en el recinto, los gatos resurgieron como de la nada. Qué extraño, pensé. ¿Era un espejismo, una ilusión óptica? No habían crecido. O quizá habían crecido y yo no era capaz de distinguir su minúsculo crecimiento» (2025: 105).

dos detalles concatenados de la definición aportada: el primero, la incapacidad de encontrar justificación al trabajo o puesto asignado; el segundo, la necesidad del fingimiento. Sobre la primera cuestión, es interesante atender a la alegría genuina de la protagonista cuando, pasados ya unos meses de su llegada a la oficina, aparece la primera reclamación en el programa informático. La alegría es fácil de explicar: la reclamación, «por irrelevante que fuera», no solo implica algo que hacer (trabajo), sino que, sobre todo, «justificaba al fin mi presencia en esa mesa» (2025: 74); una justificación que desaparece tan pronto como dejan de recibirse demandas.

Pasemos al segundo elemento: la impostura. A Sara le pagan por no hacer nada. Esta es su jornada laboral en la primera mitad de la novela:

> A primera hora, antes de que llegara el jefe de negociado número dos, practicaba mis ejercicios fonatorios. Soplaba, movía la lengua dentro de la boca, recorría las hileras de los dientes a un lado y al contrario, luego decía Terrrrrrresa, Echevarrrrrrría, y me sentía vibrar el aire en los carrillos. No notaba avances. Iba a desayunar, escuchaba las conversaciones de mis compañeros, volvía a la mesa, tonteaba con el móvil, dibujaba, hacía garabatos, navegaba por internet. Mi perfil tenía restringidas muchas páginas, que otros funcionarios […] sí tenían permitidas. Yo, como mucho, podía leer algunos periódicos, no todos, o acceder a páginas corporativas que rara vez se actualizaban, también a la wikipedia y a sitios técnicos o universitarios que se consideraban útiles para el desarrollo del funcionariado. […] También entresacaba palabras y me entretenía con ellas, las agrupaba y las ponía del derecho y del revés, las repetía y entremezclaba, […]. Después, imprimía todo aquello […]. (2025: 55-56)

Sara es lo que, en su clasificación de tipos de trabajo de mierda, Graeber denomina «lacayo»: una persona cuyo trabajo existe solo para que otra —su superior— se sienta importante. Es un relleno, nada más. De nuevo: trabajo de mierda, consistente primero en calentar la silla y, después, en tareas (pocas) circulares y absurdas (máxime

cuando entra en juego el fraude). Consecuencias: el tedio, la desesperación y la vergüenza. Y es que el puesto de la protagonista se crea
para asistir a Teresa; esto es, para descargarla de trabajo. No obstante,
pronto descubrimos que esta última, en realidad, tampoco tiene tanto
trabajo. Pero no importa, porque lo relevante es el simulacro: por eso
Teresa, que, «a estas alturas, debía de saber que yo no hacía nada […]
hablaba de mí como si estuviera ocupadísima. A los funcionarios de
otros departamentos les decía: menos mal que vino, yo es que no
doy abasto, ella me ayuda con mil cosas» (2025: 72). En la novela,
trabajar consiste, las más de las veces, en fingir que se trabaja. Y el
fingimiento surge, como decía más arriba, como reacción a la falta de
trabajo (o a los trabajos de mierda): es el escudo contra la vergüenza
y, a la vez, motivo que la incrementa. Sara se siente una impostora,
pues recibe dinero tan solo por ocupar una silla. Pasa la jornada en
tensión, al acecho, temerosa de que alguien descubra el fraude y la
despida. Por eso cuando le toca clasificar los expedientes para el
programa RPlic@, cambian las perspectivas y, con ellas, su humor,
porque «ahora tenía la mesa desbordante de papeles, iba arriba y abajo
a la fotocopiadora, se me veía atareadísima» (2025: 53), y ahí reside
el asunto: en verse (fingirse) atareadísima, igual que Teresa y que el
resto de las y los empleados en la oficina.[5] En último término, Sara
y el resto de sus compañeras y compañeros trabajan para el Estado;
son funcionarios de la administración pública y, como tales, ostentan
cierta reputación, así que *deben* trabajar. Graeber insiste justamente
en este punto de la siguiente manera:

[5] Cabe relacionar estas cuestiones con los análisis de autores como, entre otros,
Paul Virilio (1988), Hartumt Rosa (2016) o Luciano Concheiro (2016) en torno
al régimen temporal (acelerado) de la sociedad del presente y sus ligazones con el
sistema de producción imperante (el capitalismo). En efecto, capitalismo y aceleración son una sola y misma cosa, y de ella emerge una subjetividad concreta: la
nuestra. Inscritos en un sistema donde priman hiperproducción e hiperconsumo,
los personajes de *Oposición* no pueden sino aparentar estar estresados, ocupados,
apresurados; o sea, no pueden sino fingir estar trabajando, produciendo, siendo útiles.

> Los que hacen trabajos de mierda [...] suelen estar rodeados de re-
> conocimiento y prestigio; son respetados como profesionales, están
> bien pagados y se les considera triunfadores, la clase de personas
> que pueden estar orgullosos de su labor. Sin embargo, en su fuero
> interno son conscientes de que en realidad no han logrado nada;
> piensan que no han hecho nada para merecer los juguetes con los
> que llenan sus vidas; sienten que todo se basa en una mentira, y
> así es. (2018: 44)

Volvemos a lo mismo: desde esta perspectiva, no solo Sara y
Teresa son unas farsantes, sino la totalidad de las y los trabajadores
públicos que aparecen en la novela. En cualquier caso, el reconocimiento y el prestigio de los que habla Graeber existen; también
la idea del funcionariado como triunfo laboral definitivo. Me he
referido antes al miedo al despido, muy presente, aunque de manera
soterrada, en la novela. A fin de cuentas, y a pesar de todo, Sara no
renuncia a su plaza de interina. ¿Cómo hacerlo? Imposible. Es un
trabajo estable en la administración pública y bien remunerado.
Es más: le da experiencia y puntos para una futura oposición. Las
contradicciones (o los sentimientos encontrados) de la protagonista
estallan por doquier: la vergüenza y la culpa no desaparecen, pero
el dinero emerge en su cuenta mes a mes, dándole estabilidad y
resolviendo su situación precaria; y no solo eso, sino permitiéndole
también desear objetos materiales cuya posesión hasta entonces
no había podido considerar. Sara es consciente del privilegio que
ostenta en un mundo caracterizado por la inestabilidad laboral,
los bajos salarios y la falta de derechos, así que ¿puede culpársela
de aferrarse a su silla y abrazar la monotonía? ¿Y al resto de los
personajes? La dicotomía exterior/interior, a la que me referiré
enseguida, brilla en este punto, extrapolándose la realidad del mercado laboral a la dimensión espacial y presentándose, por ende, el
«ahí fuera» como lugar «muy hostil, muy inestable», y el *«allí dentro»*
como tranquilo (2025: 62).

La llamada de teléfono a la madre es importante al respecto del
hilo del que estoy tirando. Veámoslo:

En un momento de flaqueza, hablando por teléfono con mi madre, me quejé del poco trabajo que tenía, y dije poco por no decir nada, que era ya una vergüenza. [...] Lo que me respondió fue: el caso es quejarse. Ya quisiera ella tener poco trabajo, yo era una *suertuda* y una desagradecida. Ya quisiera la mayoría de la gente tener poco trabajo. Quienes se desloman, quienes no tienen ni un momento de respiro, quienes están reventados, hora tras hora sin descanso, día tras día y año tras año, herniándose para cobrar una miseria. ¿Yo conseguía un buen puesto, tranquilo y bien pagado, y todavía me atrevía a protestar? Hija, a ti no hay quien te entienda. (2025: 60)

La protesta de Sara queda deslegitimada por la madre —y, con ella, por la sociedad en su conjunto— tan pronto como se efectúa la comparación entre las ocupaciones de mierda y los trabajos físicos, precarios o precarizados. La novela se hace eco de una realidad social (la del tabú de la queja) y de la discrepancia señalada (y de ahí los sentimientos de culpa y de vergüenza que arrastra la protagonista hasta el final), pero no se contenta con ello, sino que, siguiendo la estela de textos como *Clavícula* (2017), de Marta Sanz, reivindica el derecho a la queja explicitando otras formas opresivas de trabajo.

El exceso de burocracia —viene a decirnos el relato— es terrible tanto para quien lo sufre (*Silencio administrativo*), como para quien pone en marcha el engranaje. La narradora de *Oposición* ni pica piedra, ni pone ladrillos; tampoco sirve mesas, limpia o cuida de otros cuerpos. Su trabajo, sin embargo, también tiene efectos sobre ella: tedio, malestar, alienación. «Nunca me había sentido tan poca cosa» (2025: 17), escribe al poco de iniciar su contrato. Mucho más adelante, y derivado del ejercicio de funciones carentes de valor, constata su propia maquinización cuando se percata de que «una parte de mí se había desgajado irremediablemente de mis actos. Si existía un centro desde el que mirar, yo ya lo había perdido por completo» (2025: 166). Y no hay centro desde el que mirar porque tampoco hay referencia externa, ya que, en la novela, el exterior desaparece.

La dicotomía dentro/fuera surge en este texto como lo hace en *Cara de pan*; es decir, por omisión o difuminación de uno de los dos elementos. En ambos casos, es el exterior el que desaparece en favor del interior. Aquí todo ocurre dentro de la oficina o en la cafetería a la que acuden para almorzar. Y la oficina, ¿cómo es? Es fría y claustrofóbica, a pesar de sus dimensiones; un espacio herméticamente cerrado, laberíntico, repetitivo y gris. Apenas hay ventanas, pero sí una terraza, a la que está prohibido salir. Es, sobre todo, un lugar incomprensible e inhóspito, donde la protagonista no termina de ubicarse. Pero, como ya sabemos, la dicotomía no la levantan en verdad los muros del recinto de la administración pública, como tampoco lo hacen los arbustos del parque de *Cara de pan*, la alambrada del colegio de *Cuatro por cuatro*, las paredes de la casa de *La familia* o los carteles en la carretera que dan la bienvenida a la ciudad de *Un incendio invisible* o a la pedanía de *Un amor*. La dualidad se erige en *Oposición* como en el resto de las novelas de la autora: dotando al espacio interior de un funcionamiento particular, distinto del que rige en el exterior. Así, en la oficina —igual que en el rincón entre los arbustos del parque, en el colegio, la casa, la ciudad o el pueblo— imperan unas leyes, reglas y mecanismos diferentes con respecto a lo que está fuera, es decir, el mundo. Es más: la oficina se separa del exterior como si de una dimensión alternativa se tratara, pues su desconexión con la realidad es, podría decirse, absoluta. Y he aquí una de las críticas más claras y contundentes de la novela: la distancia —a veces insalvable— que separa a la administración pública de la realidad de la ciudadanía para la que trabaja.

Esa distancia se marca, sobre todo, por medio del lenguaje, pero también argumentalmente. Ejemplo de este segundo modo es el episodio de las protestas de los ciudadanos ante las puertas del edificio. De repente, «un motín», «un espectáculo», «un caos lamentable» (2025: 107): un grupo de personas se ha reunido en la entrada de la administración para quejarse del sistema de atención por cita previa. Vocean lemas, extienden una pancarta, lanzan octavillas y hay hasta quien arroja huevos contra la pared. El funcionariado de la novela no lo entiende: «con *esta gente*», dice Teresa, «no hay manera de acertar. Si existen las colas, se quejan de que son inhumanas; si se quitan las colas, se quejan del fin de las colas. El caso es quejarse» (2025: 107).[6] La separación anida en el sintagma «esta gente»: de un lado están las y los funcionarios (dentro) y, del otro, la gente (fuera); de un lado el mundo de la administración y del otro la realidad. Para la gente, la administración es poco más que un enigma; para el funcionariado, las personas no son sino meros expedientes. Dos esferas desligadas, cada una con su propias reglas, dinámicas y lenguaje.

Y una vez más, la cuestión del lenguaje, central también en *Oposición*. ¿Qué nos encontramos en esta última propuesta? De alguna manera, algo parecido a lo que hallamos en *Cuatro por cuatro* y *La familia*; es decir, la explicitación del poder del discurso en la creación de realidades. El microuniverso del *colich* y de la casa familiar se sostenían, en último término, sobre el lenguaje. De acuerdo con esta reciente novela, el de la administración pública también. Pero aquí se trata, en concreto —y a diferencia de los otros textos—, de la perversión del lenguaje (o aberración lingüística) con la incomprensión como finalidad. La dificultad para entender, no solo el funcionamiento, sino el lenguaje que maneja la administración constituye el soporte fundacional del microcosmos burocrático o, en otras palabras, inaugura la escisión, el desajuste entre el decir burocrático y el común. En la oficina de la ficción, el lenguaje es especial: una jerga rebuscada y turbia, opaca, que esconde perversidades. Arma de ataque y defensa, el sistema esgrime la palabra como forma de violencia burocrática y, a la vez, como escudo con el que protegerse a sí mismo. Pero hábilmente encuentra aquí la narración el motor para la emergencia de la sátira o la parodia, y es que esa jerga burocrática no deja de desmontarse a través de su propia enunciación:

> *Realizar* era mejor que hacer y *recepcionar* mejor que recibir. Los problemas eran *problemáticas*; las personas, *sujetos*. *Indicar* era mejor que poner, *cumplimentar* mejor que rellenar. Los informes se *emitían*,

---

[6] La cursiva es mía.

de las reuniones *emanaban* decisiones. [...] Con el fin de no reiterar palabras sin ton ni son, se usaban las expresiones *el mismo* y *la misma. Implementar* era mejor que poner en marcha y los cambios se *denominaban* —no llamaban— *transformaciones.* Si algo tardaba en llegar era porque había sufrido una *demora; incrementar* y *reducir* se prefería a aumentar o disminuir y *preferible* era mejor que mejor. Los dineros eran las *partidas.* Si las partidas no se habían incrementado, se hablaba de *crecimiento cero;* si se reducían también crecían, pero era un *crecimiento negativo.* Dar privilegios era *priorizar.* Los informes estaban *motivados* y *sustentados.* Los problemas nunca se estancaban, se debatían eternamente en *paneles formativos* con la participación de *agentes implicados.* [...] Los sufijos valían para dar lustre y por eso se inventaban términos como *asistenciación* o *exclusionamiento.* Las palabras esdrújulas eran muy apreciadas, todos los *diagnósticos, estándares* y *parámetros* eran bienvenidos, y las mayúsculas dignificaban conceptos problemáticos como *Zonas de Transformación Social* o *Itinerarios de Inserción.* (2025: 93-94)

Es, entonces, el distanciamiento producido por el elemento lingüístico el que crea, en parte, el efecto cómico (y a la vez trágico) que caracteriza a la novela. Y es que en *Oposición* hay humor, un humor más parecido al de *La familia* que al de *El trepanador de cerebros,* puesto que nace del absurdo surgido del choque entre dos formas diferentes de ver y actuar, pero sobre todo de decir. La desconexión con respecto de la realidad es tal que, en el interior de ese mundo *otro,* ni siquiera se nombra bien a la protagonista —*Sada* por Sara—, lo cual no denota sino una incapacidad de mirar hacia fuera (de concebir, en este caso, la existencia de un problema de dicción). Los juegos con palabras con los que se entretiene la narradora o los poemas dadaístas que lee durante su jornada van en la misma dirección: señalar lo disparatado de la palabrería burocrática, que, como poco, se entiende igual de mal que esos juegos y poemas.

A Sara le pesan las horas. Por mucho que lo intenta, no logra comprender qué diantres hace en esa oficina, y eso pasa factura: «me dolía la mandíbula. La apretaba sin darme cuenta, se me quedaba rígida, me ardía. No por la oposición, no por concentrarme en el estudio [...], sino justo al revés, por no hacer nada, por estar todo el tiempo buscando alrededor, tratando de entender, revisando una y otra vez la hora, observando» (2025: 155). La curiosidad típica del personaje saramesiano y su facultad de observación, de estar al acecho ante la supuesta normalidad en busca de las grietas se hace evidente en el pasaje, así como la necesidad del entretenimiento. Los juegos lingüísticos son una suerte de antídoto contra la tensión y el hastío, por supuesto, pero también una sutil forma de rebelión contra ese mundo, del que no puede sino, al final, reírse. Frente a la pasividad como resistencia del famoso oficinista de Melville y su «Preferiría no hacerlo» se encuentra la de esta protagonista, quien decide justamente lo contrario, esto es: hacerlo. Pero ¿hacer qué? Trabajar, aunque esto precisa algunos matices. Por ejemplo, que es ella la que se da trabajo a sí misma mediante la creación de reclamaciones inventadas, cuyo contenido introduce un elemento más de humor en la novela. Estos textos, junto con los poemas y juegos de palabras, son concebidos como actos creativos mediante los que encauzar una creatividad, como la del personaje femenino de *Cicatriz*, reprimida; sin embargo, desde una óptica más general, constituyen la expresión de una toma de posición concreta, puesto que materializan una posibilidad real de disidencia, por pequeña, imperfecta o provisional que sea. El cierre del texto —romper los papeles con las respuestas del examen— opera uniendo definitivamente los puntos de resistencia diseminados a lo largo de la narración: es, en efecto, el acto final de rebelión de la protagonista. Sara, como nos insta a hacer la literatura de Mesa, prefiere no acomodarse, no relajarse: continuar alerta. Y quien lee, ¿qué prefiere?

Bibliografía

AHERAN, Laura M. (2001): «Language and Agency», *Annual Review of Antropology*, vol. 30, pp. 109-137.

ARISTÓTELES (1988): *Política*, Madrid, Gredos.

AUGÉ, Marc (2000): *Los no lugares: espacios del anonimato. Una antropología de la sobremodernidad*, Barcelona, Gedisa.

AVILÉS DIZ, Jorge (2020): «Espacio diegético y subjetividad en *Cara de pan*», en César Ferreira y Jorge Avilés Diz (eds.): *Narrar lo invisible: aproximaciones al mundo literario de Sara Mesa*, Valencia, Albatros, pp. 177-197.

AYETE GIL, Maria (2020): «La propuesta estética de Sara Mesa. Los inicios: *El trepanador de cerebros* o la semilla de lo que vendrá», en César Ferreira y Jorge Avilés Diz (eds.): *Narrar lo invisible. Aproximaciones al mundo literario de Sara Mesa*, Valencia, Albatros, pp. 75-104.

AYETE GIL, Maria (2020): «Una aproximación a *Cicatriz*, de Sara Mesa, desde el intercambio simbólico y la metáfora de lo líquido», en Ana Abello Verano, Danielle Arciello y Sergio Fernández Martínez (eds.): *La lupa y el prisma. Enfoques en torno a la literatura hispánica*, León, Universidad de León, pp. 63-75.

AYETE GIL, Maria (2021): «Sobre la(s) violencia(s) en la novela *Un amor*, de Sara Mesa», en Fernando Candón Ríos, Leticia de la Paz de Dios y Maria Ayete Gil (eds.): *Discurso e ideología: la violencia contra la mujer en literatura*, Valladolid, Universitas Castellae, pp. 119-129.

AYETE GIL, Maria (2022): «Ficciones del derrumbe o el derrumbe de la ficción: *Un incendio invisible*, de Sara Mesa», *Hispanófila. Ensayos de literatura*, n. 193, pp. 17-3.

Ayete Gil, Maria (2023): «El agua que escapa del puño. Sobre la moral y la autoridad: un análisis de *Cara de pan*, de Sara Mesa», *Revista Chilena de Literatura*, n. 108, pp. 333-358.

Ayete Gil, Maria (2023): *Ideología, poder y cuerpo. La novela política contemporánea*, Manresa, Bellaterra Edicions.

Bachelard, Gaston (1983): *La poética del espacio*, Buenos Aires, fce.

Bauman, Zygmunt (2006a): *Libertad*, Buenos Aires, Losada.

Bauman, Zygmunt (2006b): *Vida líquida*, Barcelona, Austral.

Bauman, Zygmunt (2007): *Vida de consumo*. Buenos Aires, fce.

Bauman, Zygmunt y Carlo Bordoni (2016): *Estado de crisis*, Barcelona, Paidós.

Becerra Mayor, David (2024): «Las tecnologías del *yo* en *Cicatriz* de Sara Mesa», en Amélie Florenchie, Cristina Somolinos Molina e Isabelle Touton (eds.): *La rendija que queda. En torno a la narrativa de Sara Mesa*, Granada, Comares, pp. 101-111.

Bergson, Henri (1996): *Introducción a la metafísica; La risa*, México D. F., Porrúa.

Bourdieu, Pierre (1997): *Razones prácticas. Sobre la teoría de la acción*, Barcelona, Anagrama.

Bourdieu, Pierre (1998): *La distinción. Criterios y bases sociales del gusto*, Madrid, Taurus.

Bourdieu, Pierre (2000a): *La dominación masculina*, Barcelona, Anagrama.

Bourdieu, Pierre (2000b): *Poder, derecho y clases sociales*, Bilbao, Desclée de Brouwer.

Butler, Judith (2010): *Marcos de guerra. Las vidas lloradas*, México D. F., Paidós.

Calvo Martín, Beatriz (2016): «Silencios, secretos y sobreentendidos en la novela *Cuatro por cuatro*, de Sara Mesa», en Natalie Noyaret y Catherine Orsini-Saillet (eds.): *L'expression du silence: Dans le récit de fiction espagnol contemporain*, París, Orbis Tertius, pp. 329-342.

Capanna, Pablo (2009): *J. G. Ballard: El tiempo desolado*, Madrid, Alamut.

CHENNA, Emma (2024): «*Cicatriz* y las modalidades de construcción del yo en el contexto del capitalismo tardío», en Amélie Florenchie, Cristina Somolinos Molina e Isabelle Touton (eds.): *La rendija que queda. En torno a la narrativa de Sara Mesa*, Granada, Comares, pp. 113-125.

CONCHEIRO, Luciano (2016): *Contra el tiempo. Filosofía práctica del instante*, Barcelona, Anagrama.

CUÑADO, Isabel (2014): «Clara Sánchez: geografías de la distopía», *Pasavento. Revista de Estudios Hispánicos*, vol. 2, n. 1, pp. 101-116.

ECO, Umberto (1990): «Los marcos de la "libertad" cómica», en Umberto Eco *et al. ¡Carnaval!*, Madrid, Fondo de Cultura Económica, pp. 9-20.

ENCINAR, Ángeles (2016): «Dominio, sumisión y dependencia: motivos recurrentes en las obras de Pilar Adón y Sara Mesa», *Ínsula*, n. 835-836, pp. 19-22.

ENGELS, Friedrich (2012): *El origen de la familia, la propiedad privada y el Estado*, Madrid, Globus Comunicación.

ESPOSITO, Roberto (2005): *Inmunitas. Protección y negación de la vida*, Buenos Aires, Amorrortu.

ESPOSITO, Roberto (2007): *Communitas. Origen y destino de la comunidad*, Buenos Aires, Amorrortu.

FERRERAS SAVOYE, Daniel (2011): «Urban Spaces in Dystopian Science Fiction», *Ángulo Recto. Revista de estudios sobre la ciudad como espacio plural*, vol. 3, n. 2, pp. 133-149.

FOUCAULT, Michel (1988): «El sujeto y poder», *Revista Mexicana de Sociología*, vol. 50, n. 3, pp. 3-20.

FOUCAULT, Michel (1992): «Las relaciones de poder penetran los cuerpos», en M. Foucault: *Microfísica del poder*, Madrid, La Piqueta, pp. 163-172.

FOUCAULT, Michel (1999*a*): «Nacimiento de la medicina social», en Michel Foucault: *Estrategias de poder. Obras esenciales, volumen II*, Barcelona, Paidós, pp. 363-384.

FOUCAULT, Michel (1999*b*): «La verdad y las formas jurídicas», en Michel Foucault: *Estrategias de poder. Obras esenciales, volumen II*, Barcelona, Paidós, pp. 169-281.

Foucault, Michel (2004): *El poder psiquiátrico. Curso en el Collège de France (1973-1974)*, Buenos Aires, fce.

Foucault, Michel (2006): *Seguridad, territorio, población. Curso en el Collège de France (1977-1978)*, Buenos Aires, fce.

Foucault, Michel (2008): *Tecnologías del yo y otros textos afines*, Buenos Aires, Paidós.

Foucault, Michel (2010): *El cuerpo utópico: las heterotopías*, Buenos Aires, Nueva Visión.

Foucault, Michel (2012a [1975]): *Vigilar y castigar. Nacimiento de la prisión*, Madrid, Siglo Veintiuno.

Foucault, Michel (2012b [1994]): *El poder, una bestia magnífica. Sobre el poder, la prisión y la vida*, Madrid, Siglo XXI.

Galdón Rodríguez, Ángel (2011): «Aparición y desarrollo del género distópico en la literatura inglesa. Análisis de las principales antiutopías», *Prometeica. Revista de filosofía y ciencias*, n. 4, pp. 22-43.

Garcés, Marina (2013): *Un mundo común*, Manresa, Bellaterra.

González del Pozo, Jorge (2020): «*Un incendio invisible*: Decadencia, pornografía de la ruina y el progreso hacia ninguna parte en la narrativa de Sara Mesa», en César Ferreira y Jorge Avilés Diz (eds.): *Narrar lo invisible: aproximaciones al mundo literario de Sara Mesa*, Valencia, Albatros, pp. 105-21.

Graeber, David (2015): *La utopía de las normas. De la tecnología, la estupidez y los secretos placeres de la burocracia*, Barcelona, Ariel.

Graeber, David (2018): *Trabajos de mierda. Una teoría*, Barcelona, Ariel.

Groult, Benoîte (1978): *Así sea ella. Un grito de mujer*, Barcelona, Argos Vergara.

Gullón, Ricardo (1980): *Espacio y novela*, Barcelona, Antoni Bosch.

Han, Byung-Chul (2016): *Sobre el poder*, Barcelona, Herder.

Kopp, Rudinei (2014): «Los medios de comunicación y la transformación del hombre en la literatura distópica», *Nueva Época*, n. 22, pp. 159-178.

Lacan, Jacques (2006): *El seminario 23: El sinthome*, Buenos Aires, Paidós.

Lacan, Jacques (2012): *El seminario 19: ...o peor*, Buenos Aires, Paidós.

LEONE, Maryanne L. (2019): «Reframing Disability through an Ecocritical Perspective in Sara Mesa's *Cara de pan*», *Journal of Gender and Sexuality Studies / Revista de Estudios de Género y Sexualidades*, vol. 45, n. 1, pp. 161-184.

LERNER, Harriet (2005): *The Dance of Anger. A Woman's Guide to Changing the Patterns of Intimate Relationships*, Nueva York, HarperCollins.

LÓPEZ ALÓS, Javier (2019): «Imaginar sujetos para pensar lo común. Notas sobre las representaciones de la crisis en España», en Christian Claesson (coord.): *Narrativas precarias. Crisis y subjetividad en la cultura española actual*, Xixón, Hoja de Lata, pp. 89-120.

LÓPEZ CRUCES, Antonio J. (2004): «Introducción a *La risa en la literatura española (Antología de textos)*», Biblioteca Virtual Miguel de Cervantes, pp. 7-36.

LÓPEZ KELLER, Estrella (1991): «Distopía: otro final de la utopía», *Reis: Revista Española de Investigaciones Sociológicas*, n. 55, pp. 7-23.

LÓPEZ-PELLISA, Teresa (2017): «Las dramaturgas españolas y lo distópico: teatro y ciencia ficción en el siglo xxi», *Anales de la literatura española contemporánea*, vol. 42, n. 2, pp. 335-367.

LÓPEZ-TERRA, Federico (2019): «Narrar la crisis. Representación y agencia en la España poscrisis», en Christian Claesson (coord.): *Narrativas precarias. Crisis y subjetividad en la cultura española actual*, Xixón, Hoja de Lata, pp. 121-156.

MARTÍNEZ, Layla (2020): *Utopía no es una isla. Catálogo de mundos mejores*, Madrid, Episkaia.

MARTÍNEZ FERNÁNDEZ, Ángela (2014): «La escritura del shock: crisis y poesía en España», *Kamchatka. Revista de Análisis Cultural*, n. 4, pp. 383-434.

MARTÍNEZ SALAZAR, Elisa (2024): «Sara Mesa en el laberinto de lo kafkiano: una lectura comparada», *Revista de Filología Alemana*, n. 32, pp. 41-56.

MARX, Karl (2010): *El capital. Crítica de la economía política. Antología*, Madrid, Alianza

MÈLICH, Joan-Carles (2011): «Disonancias. (Sobre ética y literatura)», *Ars Brevis. Anuario de la Cátedra Ramón Llull Blanquerna*, n. 17, pp. 97-115.

MÈLICH, Joan-Carles (2014): *Lógica de la crueldad*, Barcelona, Herder.

MESA, Sara (2010): *El trepanador de cerebros*, Zaragoza, Tropo Editores.

MESA, Sara (2012): *Cuatro por cuatro*, Barcelona, Anagrama.

MESA, Sara (2015): *Cicatriz*, Barcelona, Anagrama.

MESA, Sara (2017 [2011]): *Un incendio invisible*, Barcelona, Anagrama.

MESA, Sara (2018): *Cara de pan*, Barcelona, Anagrama.

MESA, Sara (2020): *Un amor*, Barcelona, Anagrama.

MESA, Sara (2022): *La familia*, Barcelona, Anagrama.

MESA, Sara (2025): *Oposición,* Barcelona, Anagrama.

MORENO SERRANO, Fernando Ángel (2010): *Teoría de la literatura de ciencia ficción. Poética y retórica de lo prospectivo*, Vitoria, Portal Editions, 2010.

NAVAL, María Ángeles (2013): «*No future*. Hacia un cronotopo apocalíptico intermedial en algunas novelas del siglo xxi (2007-2012)», *Anales de la literatura española contemporánea*, vol. 38, n. ½, pp. 215-237.

NÚÑEZ RAMOS, Rafael (1984): «Semiótica del lenguaje humorístico», en Miguel Garrido Gallardo (ed.): *Teoría semiótica: lenguaje y textos hispánicos*, Madrid, csic, pp. 269-276.

PERIS, Jaume (2019): «Ficciones del vacío. Relatos e imágenes del vacío social y de los sujetos que lo habitan», en Christian Claesson (coord.): *Narrativas precarias. Crisis y subjetividad en la cultura española actual*, Xixón, Hoja de Lata, pp. 209-234.

PROPP, Vladimir (1977): *Morfología del cuento*, Madrid, Cátedra.

RAMÍREZ, Noelia (2020): «Sara Mesa: "En muchos sitios una mujer sola es sospechosa. O tiene mal carácter o esconde algo"», *S Moda*, 18 de septiembre, <elpais.com/smoda/placeres/sara-mesa-entrevista-un-amor.html>.

RODRÍGUEZ, Juan Carlos (2005): «Literatura, moda y erotismo: el deseo (parte i)», *Revista laberinto*, n. 18, pp. 13-22.

ROS, Violeta (2024): «La estrategia de la decepción. Tensión narrativa y efectos de lectura en *Un amor* de Sara Mesa», en Amélie

Florenchie, Cristina Somolinos Molina e Isabelle Touton (eds.): *La rendija que queda. En torno a la narrativa de Sara Mesa*, Granada, Comares, pp. 141-153.

Rosa, Hartmut (2016): *Alienación y aceleración. Hacia una teoría crítica de la temporalidad en la modernidad tardía*, Buenos Aires, Katz Editores.

Rossi, Maura (2024): «Individualidades en tránsito y dinámica grupal en la narrativa de Sara Mesa: cartografía de un (des)encuentro», en Amélie Florenchie, Cristina Somolinos Molina e Isabelle Touton (eds.): *La rendija que queda. En torno a la narrativa de Sara Mesa*, Granada, Comares, pp. 9-19.

Sánchez Zapatero, Javier (2019): «Visiones del derrumbe: sobre dos novelas de ruptura y desamor de Isaac Rosa y Edurne Portela», *Ínsula*, n. 874-875, pp. 56-59.

Sanz, Marta (2018): *Monstruas y centauras. Nuevos lenguajes del feminismo*, Barcelona, Anagrama.

Segato, Rita (2016): *La guerra contra las mujeres*, Madrid, Traficantes de Sueños.

Segato, Rita (2018): *Contra-pedagogías de la crueldad*, Buenos Aires, Prometeo.

Videira, Joana (2019): «El cuerpo como huella, el discurso como herida. Palabra y resistencia en Cicatriz», en María Xesús Lama, Elana Losada y Dolores Resano (eds.): *Papeles del crimen. Mujeres y violencia en la ficción criminal*, Barcelona, Edicions de la Universitat de Barcelona, pp. 53-64.

Virilio, Paul (1988): *Estética de la desaparición*, Barcelona, Anagrama.

Zafra, Remedios (2024): *El informe. Trabajo intelectual y tristeza burocrática*, Barcelona, Anagrama.